Hof
Fichtelgebirge
Oberpfälzer Wald
Weiden
Naab
Schwandorf
Waldmünchen
Cham
Regen
7
Großer Arber
1456
Bayerischer Wald
Regensburg
Viechtach
Kehlheim
Straubing
Deggendorf
Freyung
Hallertau
Landau
Vilshofen
Isar
Donau
1
Passau
3
2
Landshut
Eggenfelden
Rott
11
Freising
Isar
Erding
Mühldorf
6
Marktl
Inn
Haag
Altötting
München
Inn
Burghausen
Alz
Salzach
Rosenheim
9
Chiem-
see
Salzburg
10
12
8
Prien
Bad
Reichenhall
1838
Wendelstein
5
4
Berchtesgaden
Kufstein
2713
Watzmann

Fritz Fenzl

Heilige Orte in Bayern

Fritz Fenzl

Heilige Orte in Bayern

nymphenburger

Mehr Informationen zu Fritz Fenzl unter
www.magische-kraftorte.de
und zum Verlag unter www.nymphenburger-verlag.de

Schutzumschlag: Wolfgang Heinzel
Schutzumschlagmotiv: Bildagentur Huber, Garmisch-Partenkirchen
Übersichtskarte: Kartographie & Grafik
Eckehard Radehose, Schliersee
Herstellung und Satz: Ina Hesse
Gesetzt aus 10,8/14,62 Sabon
Druck und Binden: GGP Media GmbH, Pößneck
Printed in Germany
ISBN 978-3-485-01156-3

Inhalt

Vorwort

»An jedem Ort, den ich für meine Anbetung bestimme, werde ich zu dir kommen und dich segnen.« So sprach Gott zu Moses, nachdem er ihm die Zehn Gebote offenbart hatte. Was für ein wunderbares Versprechen für seine Menschenkinder auf Erden. Seit Urzeiten suchen die Menschen solche gesegneten Stätten auf, um in Gebet und Andacht, beim Feiern der heiligen Messe oder im bloßen Erleben dieser heiligen Orte Gott nahe zu sein. Tausende Kilometer legen sie zu Fuß oder zu Wasser, durch Berg und Tal zurück, um an Wallfahrtsstätten die Kraft gelebten Glaubens und die Gegenwart Gottes zu spüren. Seine Allgegenwärtigkeit liegt dort oft so direkt unter der Oberfläche, dass die Grenzen zwischen irdischem und unendlichem Dasein zu verschwimmen scheinen. Alles zeugt an diesen heiligen Orten von Gottes wahrem Namen, alles spricht »Ich bin da!« (Exodus 3,14). Wir müssen nur hingehen, hinsehen, es erleben.

Diese Gnadenstätten, seien sie von Menschenhand errichtet oder Teil von Gottes Schöpfung als naturgeschaffene Monumente des Glaubens – sie alle existieren seit Hunderten von Jahren, mal mit weniger, mal mit mehr Zulauf, aber sie sind immer da.

Wie Fixsterne am Himmelszelt liegen sie auf der Landkarte. Und niemals zufällig an genau der Stelle, an der wir sie finden. Oft markieren sie die Orte des wundertätigen Wirkens von Gottes Boten und Mittlern auf Erden: Stätten des Wunders, die vom Irrationalen, vom nachweisbar Unmöglichen zeugen. Doch was ist angesichts der Allmacht Gottes schon unmöglich? Andere wiederum wurden errichtet aufgrund von Gott gesandter Träume und Visionen oder anderer göttlicher Zeichen.

Manche liegen hoch oben in den Bergen, andere verborgen in der Talsenke. Die einen ragen imposant in den Himmel und verkünden Gottes Herrlichkeit, die anderen liegen versteckt im Wald gedrängt um eine Quelle und nur wer sie kennt, findet den Weg zu ihnen.

Sie zeigen sich als von Gold und Zier überladene Heiligtümer oder als kleine Kapellen aus verwittertem Holz und unbehauenem Fels. Für die Kraft des heiligen Ortes spielen solche Oberflächlichkeiten jedoch keine Rolle. Denn ob prächtige Basilika, mächtige Gottesburg, verborgene Kapelle oder be-

scheidenes Marterl – die Botschaft an uns Menschen ist immer die gleiche: Hier ist ein Ort Gottes! Bleib, verweile, bete, erlebe die Präsenz des Schöpfers auf Erden!
Schenken wir diesem Ruf Gehör, geben wir dem Sehnen nach und machen wir uns auf die Reise, hier in Bayern. Viele bekannte heilige Stätten, wirkkräftige Wunderorte, Pilgerziele und Wallfahrts-Endstationen sind im Alpenvorland zu finden.
In Bayern muss der Pilger nicht lange suchen, um Orte der Heiligkeit zu finden. Diese himmlischen Stätten des Heils, sie drängen sich geradezu im Schatten der Alpen! Oft sind sie ganz bewusst aufeinander ausgerichtet, wie Sender und Empfänger eines unhörbaren Rufs, einer unsichtbaren Kraft – der Kraft des Glaubens. Sie markieren die Stationen uralter Kraftlinien, tausendjähriger Pilgerpfade, wie etwa den Jakobsweg.
»Ziehe eine Grenze um den Berg und erkläre ihn für heilig.« (Exodus 19,23), so forderte der eine lebendige Gott, bevor Moses auf dem Berg Sinai die Zehn Gebote empfangen sollte, diese zeitlosen und ewig gültigen Regeln des Lebens.
Der Berg – dies werden wir auf unserer Pilgerreise immer wieder feststellen dürfen – spielt bei den heiligen Wallfahrtsstätten oft eine entscheidende Rolle. Häufig werden wir einen steilen Anstieg bewältigen müssen. Wie ein Leuchtturm des Glaubens blicken

diese Gipfelkirchen von Bergen und Hügeln über das Land, rufen die frommen Pilger ebenso wie diejenigen Menschen, die vom Weg des Glaubens abgekommen sind.
Diese Sakralhügel, die nicht selten zuvor als heidnische Kulthügel genutzt wurden, sie ziehen die Menschen magisch an. Denn der Berg führt den Suchenden immer zu sich selbst. Ein großer Teil heiliger Wallfahrtsstätten der Welt liegt hoch oben, nicht nur diejenigen christlichen Glaubens. Doch oft finden wir Gnadenorte auch dort, wo der Quell des Lebens entspringt: in der Nähe vom Wasser oder in einer mütterlich-erdigen Talsenke gelegen. Berg und Tal, männlich und weiblich, Himmel und Erde – gehören immer zusammen.
In dieser Harmonie der Schöpfung finden Sie Plätze der Heilung, der Visionen und Wunder – Fleckerl der erfüllten Sehnsucht nach Ganzheit, wo die Liebe Gottes immerzu ganz nah und spürbar ist. Jeder dieser Plätze hat eine einzigartige, uralte und doch lebendige Geschichte, die dem Besucher dargeboten wird – er muss nur hinsehen. Und das soll auch Ziel dieser himmelstrebenden Reise durch Bayern sein, zu der ich den Leser einladen möchte:
Dieser kleine Pilgerführer möge nicht nur unterhalten und spirituell erbauen. Er soll den religiösen Wanderer auch darin schulen, solchen besonderen Heilsstätten mit offenen Augen und offenem Herzen

zu begegnen. Ganz im profanen Sinne von: Sieh hin! Verstehe und erkenne die verborgenen Zeichen! Und vor allem: Höre in dich hinein!
Wie leicht übersieht man im Gedränge der großen Wallfahrtsorte ihre wahre Bestimmung und die Verheißung und sieht nur noch ihre kulturelle, kunsthistorische Bedeutung. Doch Gott war nie daran gelegen, die Stätten der Begegnung mit seinen Menschenkindern in Schatzkammern und Museen zu verwandeln. Es sollten Knotenpunkte des Glaubens sein, an denen sich Gläubige und Pilger versammeln können, um dort im Gebet die Zwiesprache mit ihm zu suchen – geborgen in der Gemeinschaft, gerufen vom gesegneten Boden, auf dem sie stehen.
Doch selbst in den prunkvollsten Kirchen und Kapellen ist sie noch spürbar, diese eigentümliche, uralte Kraft, die den Ort umgibt, geprägt von Jahrhunderten des Gebets und der Andacht. Man muss nur mit einem offenem Geist dort verweilen, dann spürt man sie, die Welt hinter der Welt, die Heiligkeit unter all dem geweihten Gold und Stuck.
Die Liste christlicher Gnadenorte in diesem Buch umfasst sowohl die großen, weltbekannten Pilgerziele als auch kleine, unbekannte Stätten stillen und unvermuteten Heils, die jenen jedoch an Kraft und Intensität in nichts nachstehen. Wir wollen sie entdecken, die berühmten wie die versteckten Heils-

stätten und sie mit dem Herzen schauen. Sie werden sehen – selbst die prominentesten Wallfahrtsorte, wie etwa Andechs oder Altötting, die jeder zu kennen meint, warten noch mit überraschenden und staunenerregenden Facetten auf!

Doch zu all diesen geweihten Orten gehören immer auch die Menschen, die dort leben, dorthin pilgern und verweilen. Ich habe unzählige Gespräche mit Wanderern, Pilgern und Geistlichen an besonderen Plätzen geführt und sie alle spürten dasselbe: An Orten des Glaubens fühlt man sich einfach wohl. Man fühlt sich im wörtlichen Sinn aufgehoben. Kein Wunder, denn man ist dort immer zur richtigen Zeit am richtigen Ort. Es gibt keine falschen Momente für einen Besuch. Hier sind wir immer richtig, hier stehen die Türen immer und zu jeder Zeit – für alle Zeit – weit offen.

Erleben Sie diese Besuche und kleinen Pilgerfahrten ganz bewusst. Verbinden Sie sie ruhig mit den angenehmen Dingen des Lebens und Ausflügen in die Natur, in die Schöpfung des Herrn. Denn auch dies ist Gottes-Dienst: die Schöpfung und ihre Gaben zu genießen. Sich ihrer bewusst sein und dankbar sein, dass man all das erleben darf.

Wer dabei ein Ziel vor Augen hat, dessen Schritte sind fest, er bleibt auf dem rechten Weg. Denn ein Reiseziel beinhaltet auch immer die Reise dorthin. Sie werden bei Ihrem Ankommen am heiligen Ort

und bei Ihrer Rückkehr die alte Weisheit klarer begreifen: Der Weg ist das Ziel.
Ein Weg, den der Pilger beschreitet auf den Spuren des Glaubens, mit seinen Füßen und in seinem Herzen. Nach seiner Reise kehrt er zwar zurück nach Hause in seinen Alltag – sein Innerstes jedoch ist verändert. Das Erlebte hallt wie ein Echo nach in seiner Seele – es hat ihn geprägt. Denn Pilgerwege sind immer auch spirituelle Wege, die das Leben und dessen Transzendenz deutlich machen. Wer sie begeht, der findet zu sich selbst – und auf tiefere Weise hin zu Gott.
Nicht zuletzt ist das Leben selbst ein Weg. Ein Lebensweg voller Abzweigungen und unerwarteter Richtungswechsel, mit steinigen und sonnenbeschienenen Passagen, manchmal kommt er uns kurz, manchmal zu lang vor und manchmal müssen wir umkehren. Vorhersehen können wir ihn nicht. Der Volksmund weiß schon lange: Die Wege des Herrn sind unergründlich. Letztlich ist Er es, der den Weg vorgibt. Wir müssen nur entscheiden, ob wir Ihm folgen wollen oder nicht.
Denn Gott hat uns auch den freien Willen geschenkt, unsere Wege selbst zu wählen. Doch selbst, wenn wir ihm folgen wollten, manchmal ist es schwer, im heutigen Leben seine Stimme zu hören. Deshalb habe ich bei meiner Auswahl der Orte oftmals auch Intuition walten lassen. Denn was ist In-

tuition, diese ominöse innere Stimme, anderes als Gottes leiser Ruf in unseren Herzen? Wir müssen oft erst wieder lernen, uns von ihr leiten und führen zu lassen, sie überhaupt zu hören. Ich habe all die heiligen Orte mit dieser leisen und doch so eindringlichen Stimme im Ohr ausgewählt, doch sie entdecken und ihre heilsame Energie spüren können nur Sie selbst. Lassen Sie es zu! – Es existieren viel mehr Wunder als angenommen und anerkannt werden.
Die moderne Welt ist blind geworden für die Wunder Gottes. Dabei sind wir allezeit umgeben vom Wunder der Schöpfung und anderen Wundern, die meist nicht als solche erkannt werden. Indem wir auf unsere innere Stimme hören, unsere Wahrnehmung schulen, Herz und vor allem Geist öffnen, lernen wir, die Wirklichkeit so zu sehen, wie sie wirklich ist: wunder-voll.
Lassen Sie die Wandlung und die Resonanz Ihrer Seele auf die wundersame Kraft dieser Orte zu. Spüren Sie ganz bewusst den Klang und Widerhall des Ortes in sich selbst, in Ihrem Innersten und versenken Sie sich ganz in das Da-Sein am heiligen Ort. Nicht das Wissen steht hier im Vordergrund, sondern das Wahrnehmen und Erspüren. Lassen Sie Ihren rationalen Verstand einmal schweigen – Sie werden erstaunt sein, welche Momente des Erkennens, der Erleuchtung und des inneren Friedens sich Ihnen erschließen werden!

Welche Türen auch immer sich Ihnen öffnen werden, welche neuen Wege sich vor Ihnen auftun und für welche neue Richtung Sie sich entscheiden werden: Gott wird mit Ihnen sein.

Ich wünsche Ihnen eine gute Reise.

1
Gottsdorf im südlichen Bayerischen Wald

Auf dem Jakobsweg der Dreifaltigkeit begegnen

Unsere Reise beginnt auf dem Jakobsweg, einem der ältesten bekannten Pilgerwege, der durch ganz Europa führt. Seit Jahrhunderten folgen Wallfahrer dieser Kette heiliger Stätten auf der Wanderschaft zum Grab des Apostel Jakobus in Santiago de Compostela. Dieses »Sternenfeld« Compostela (campus stellae) ist es auch, das der Pilgerroute ihren zweiten Namen gab: der Sternenweg. Auf ihm erleben wir die Urenergien der Erde, die den suchenden Christen auf einzigartige Weise immer wieder auf den Weg, den Weg zu Gott und dessen Erlösungswerk in Christus zurückführen. Gleich einem Rosenkranz reiht er die heiligen Kraftorte aneinander und verläuft, von Böhmen kommend, durch Bayern nach Tirol, um von dort über die Pyrenäen nach Spanien zu führen. Entlang dieser Kraftlinie finden sich zahlreiche, dem heiligen Jakobus geweihte Kirchen und Kapellen. Sein Symbol, die Jakobsmuschel, auch Pilgermuschel genannt, kennzeichnet dabei die be-

kannten wie verborgenen Kraftorte in diesem Wegenetz.
An einen solchen heiligen Wallfahrtsort wollen wir uns nun begeben, nach Gottsdorf im südlichen Bayerischen Wald. Gottsdorf liegt ein wenig im Schatten der nächsten großen Station des Pilgerweges in westlicher Richtung, der altehrwürdigen Stadt Passau, an der drei Flüsse aufeinandertreffen und so einen Ort besonderer Energien schaffen. Dort beginnt auch der bayerische Abschnitt des Jakobsweges mit dem heiligen Jakobus im Dom St. Stephan. Doch oftmals sind es gerade die kleineren, unbekannten Gnadenstätten, die ihre Heil bringende Wirkung abseits des Wallfahrtstrubels ungestört und umso eindringlicher entfalten. Eine solche besinnliche Stätte findet sich in Gottsdorf.
Schon der Ortsname kündet vom Heiligen, das hier wirkt. Oft verweisen bereits die Namen eines Ortes auf die Wunder, die dort geschehen sind, und auf die Heiligen, die dort gelebt haben. Sie laden uns dorthin ein, wo wir hinwollen und -sollen. So etwa Benediktbeuren, St. Georgen, Elisabethszell, St. Oswald, St. Englmar, Maria Eich usw. Eine nähere Aufzählung und Begriffserklärung des Anbetungswürdigen in Orts- und Flurnamen würde Bände füllen, und das nicht nur in Bayern. Gott der Weltenschöpfer selbst taucht dagegen eher selten in der Benennung von Siedlungen und Städten auf – viel seltener

als seine Mittler auf Erden. Anders hier in Gottsdorf, das zudem mit einer aufsehenerregenden Kirche überrascht, die sich kein suchender Pilger und Wallfahrer entgehen lassen sollte.
Die gotische Kirche St. Jakobus im Ortszentrum ist unübersehbar und man erkennt bei dem würdigen Gotteshaus nicht nur äußerlich seine uralte Geschichte. Auch die besonderen Energien, die von dieser Stätte ausgehen, zeugen von ihrem jahrhundertelangen Bestehen. Tatsächlich wurde die Pfarrei bereits im Jahre 1075 das erste Mal urkundlich erwähnt. Die Kirche selbst stammt hingegen aus dem Jahr 1441 und ist die einzige gotische Kirche des Bezirkes, die ohne Veränderung ihrer Bausubstanz erhalten blieb. Nur ihr Inneres wurde im 18. Jahrhundert barockhaft ausgestattet. Man spürt bereits von außen die besondere göttliche Präsenz, die von diesem Gebäude auszugehen scheint und uns förmlich in die Kirche hineinzieht.
Wir treten ein – und sofort werden wir gefangen! Indes eine sehr schöne und wohltuende Gefangenschaft ist dies, der Raum hebt Seele und Gemüt. Gefangen im Glauben – und schon geschieht das (scheinbar) Paradoxe: Wir werden frei. Frei durch die Bindung, die Anbindung nach oben.
Die Figur des heiligen Jakobus auf dem barocken Hochaltar fällt sofort ins Auge. Sie zieht die Blicke an sich, beherrscht den Altar in einer diesen wun-

dersamen Sakralraum geistig steuernden Präsenz, wie wir sie sonst nur von Christus oder der Gottesmutter kennen. Jakobus, der Schutzpatron der Pilger, ist dargestellt im typischen Pilgerhabit mit Hut, Umhang, Stab, Tasche – sowie einem geschlossenen Buch in der Hand, dem Symbol der Apostel. Barfuß tritt er uns auf dem Pfad der Seligkeit entgegen und gemahnt an Bescheidenheit und Entbehrung, die nötig ist auf der Suche nach Gott. Alle Energie in diesem Raum bündelt sich um diese Jakobusfigur, als Sinnbild für das Wandern auf den Pfaden des Glaubens, um andere zu bekehren und so ihre Seele zu erretten. Auch hier findet sich das Zeichen des Jakobswegs, die Pilgermuschel, die uns signalisiert, dass wir eingebunden sind in ein Netzwerk uralter Energien, das ganz Europa durchzieht. Gleichwohl ist sie auch ein Symbol, das uns näher hinsehen lässt. Als unscheinbare Hüterin einer Perle steht die Muschel nämlich stets auch für verborgenes Heil und deutet oftmals hin auf ein Geheimnis.
Lassen wir also den Blick von dem, was direkt vor Augen liegt, vom Irdischen gen Himmel streifen. Sehen wir genauer hin. – Plötzlich nehmen wir das wahre Kraftzentrum des Hochaltars erst richtig wahr: Über dem Pilgerpatron Jakobus thront, diesen körperlich und spirituell überragend, eine gekrönte Maria. Die Gottesmutter als Himmelskönigin. Sie ist nicht allein, sondern hat Beistand, im wahrsten

Sinne des Wortes: zwei junge Frauen, die ihr beistehen und ihr huldigend zugewandt sind. Es sind zwei der heiligen drei Jungfrauen, auch die drei Beten oder die drei heiligen Madl genannt, die seit dem Mittelalter in Bayern verehrt werden. Der Volksmund schmiedete sich ihnen zu Ehren den Merkvers:

»St. Margaretha mit dem Wurm (Drachen),
St. Barbara mit dem Turm,
St. Katharina mit dem Radl,
das sind die drei heiligen Madl.«

Über der zentralen Figur des Pilgers mit dem Schlapphut und der Muschel wartet also ein Dreibeten-Altar. Hier zeigt sich nun das verborgene Herz der Jakobskirche von Gottsdorf, das sich nicht gleich beim ersten Anblick erschließt. Zu sehr nimmt die dominante und strenge Jakobsfigur alle Blicke gefangen. Doch mit der Gottesmutter und den sie anbetenden Jungfrauen zeigt sich das zweite, tatsächliche Energiezentrum des Hauptaltars.
Die heilige Katharina, zur Linken der Madonna, trägt das Schwert als Zeichen ihres Märtyrertodes. Gemäß der Legende brach das Rad, mit dem sie hingerichtet werden sollte, und tötete statt ihrer die Folterknechte. Daraufhin wurde sie mit dem Schwert enthauptet, ebenso wie Barbara und Margaretha.

Doch die Wunder endeten nicht mit ihrem Tode: Aus ihren Wunden floss Milch statt Blut und Engel kamen vom Himmel herab, um sie zur letzten Ruhe auf dem Berg Sinai zu betten.
Die heilige Barbara »mit dem Turm« steht rechts zur Gottesmutter. Laut den Überlieferungen entkam sie auf wunderbare Weise dem Turm, in welchen sie ihr heidnischer Vater einsperrte, um sie wegen ihres christlichen Glaubens erschlagen zu lassen. Ihr Vater war es auch, der sie nach ihrem Martyrium enthauptete. Doch seine Tat blieb nicht ungesühnt: Ein Blitzschlag traf ihn, kaum hatte er den schrecklichen Frevel vollbracht. Barbara gilt außerdem bis heute als Schutzpatronin der Sterbenden und wird daher häufig mit dem Attribut des Kelches und der Hostie als Symbol für die Letzte Ölung dargestellt. So auch hier. Außerdem verweist der Kelch als offene und empfangende Form stets auch auf das Weibliche und die Empfängnis von Leben und Erleuchtung.
Wo aber ist die Dritte im Bunde? Margaretha mit dem Wurm? Margaretha, deren Namen auf Griechisch »Perle«(!) bedeutet? Sie vermengt sich hier im Kraftzentrum mit der Madonna. Denn zur Darstellung der herrschenden Himmelskönigin gehört zumeist auch die Schlange oder der Wurm als Symbol für den Teufel, den sie besiegt, so wie es Margaretha getan hat. Margaretha hat gemäß den Überlieferungen mehrfach den Teufel überwunden, der

sie in der Gestalt eines Drachen heimgesucht hat. Maria hingegen wird bereits im Urevangelium (Genesis 3,15) angekündigt als das Weib, dessen Nachkomme, der Messias, der Schlange den Kopf zertreten wird. Margaretha und Maria scheinen so in dieser Darstellung eins geworden zu sein.
Erheben Sie als staunender Besucher des heiligen Schauspieles den Blick noch weiter, schauen Sie in Andacht versunken ganz nach oben. Dann sehen und erkennen Sie, wie Ihnen Maria, die Gottesmutter, im Zeichen heiligster Dreifaltigkeit entgegentritt. Wenden Sie sich nun wieder der zentralen Jakobsfigur am Hauptaltar zu. Dieser Wanderer zwischen den Welten, der hier unter dem himmlischen Marienschauspiel waltet, auch er wird flankiert von zwei Beiständen, ebenso wie Maria. Es sind zwei »Feuerheilige«, die ihm beistehen: Links von Jakobus finden wir den heiligen Florian mit Helm, den bekannten Schutzheiligen vor Feuersbrunst. Rechts von ihm steht der Schutzpatron vor Unwetter, Blitzschlag und Feuersbrunst, der heilige Donatus, dargestellt mit dem Blitz. Nun erst zeigt sich der Hauptaltar im wahren Licht – als doppelte Darstellung von Dreifaltigkeit: oben Maria, unten Jakobus, mit ihrem Geleit heiliger Märtyrer.
Lange hat es gedauert, bis ich aus dieser Kirche wieder hinausging. Der Raum besitzt an Tiefenschicht-Symbolik einfach alles! Da wäre noch links im Kir-

chenraum das Taufbecken mit der Johannesfigur: Das gesamte Ensemble nimmt die weibliche und mit der Urkraft des Wassers (der Quelle des Lebens!) zusammenhängende Energetik der Jakobskirche von Gottsdorf wieder auf. Nicht weit davon eine weitere Madonna. Besonders interessant erscheint mir auch das Wappen an der Brüstung der Empore, denn dort erscheint das Einhorn – das Symbol für Reinheit und Jungfräulichkeit. Hier scheint sich der Gedanke der heiligen Jungfrauen fortzusetzen. An vielen heiligen Orten, wie etwa der legendären Andechser Klosterapotheke (s. Kapitel 18), zeigt sich immer wieder solche kraftvolle, uralte Symbolik. Diese zu lesen und zu erkennen erfordert oftmals ein genaues Hinsehen, ein Verweilen in Andacht und Gebet.

Doch versteckt oder offen – die heilige Kraft wirkt.

Gebet: Heilige Jungfrau Maria, ihr heiligen drei Jungfrauen, ich bitte euch, weist mir den Weg! Heiliger Jakobus, zeige mir, wohin mein Geist pilgern soll! Lass mich Christus folgen, wenn er mich liebevoll ermahnt: Ich bin der Weg, die Wahrheit und das Leben.

Gedanken: Der Jakobsweg ist eine Datenautobahn des Ahnengedächtnisses. Pilger und Suchende erleben auf ihrer Wanderschaft Eingebungen, die ihnen sonst niemals in den Sinn kommen würden, und ihre Wahrnehmung ist geschärft. Denn ebenso wichtig wie das Wandern ist das Verweilen. Nur in Andacht und Ruhe erkennen wir die wahre Natur der Dinge und finden Frieden und Erleuchtung.

Ausgangspunkt: Friedhofstor des Gottesackers an der St.-Jakobus-Kirche. Parkmöglichkeit direkt daneben, zum Gasthaus Lang gehörend.
Einkehr: Das Gasthaus Lang gleich neben der Kirche ist in der gesamten Umgebung ein Geheimtipp. Wunderbares Essen in modern-rustikaler Atmosphäre lädt ein zur Stärkung nach diesem aufregenden, spirituellen Erlebnis.
Anfahrt: Autobahn A 92 München-Deggendorf, ab hier Autobahn A 3 bis Passau. Dort die Donau überqueren und entlang der Donau der B 388 folgen, die sich bald nach links wendet, von der Donau weg. In Untergriesbach rechts in die Gottsdorfer Straße einbiegen, die direkt nach Gottsdorf führt.

2

Die Wiege des heiligen Konrad: Der Venushof in Parzham

Im Herzen ankommen

Der wohl bekannteste heilige Ort im Passauer Land ist der Wallfahrtsort Altötting, der jedes Jahr von mehr als einer Million Pilgern besucht wird. Die Gläubigen besuchen den Marienwallfahrtsort wegen der berühmten »Schwarzen Madonna« in der Gnadenkapelle, der heilende Kräfte nachgesagt werden (s. Kapitel 6). Sie kommen aber auch wegen des heiligen Bruders Konrad von Parzham, der im dortigen Kapuzinerkloster einundvierzig Jahre als Pförtner in beispielloser Demut diente. Ob Wallfahrer oder bettelnde Kinder, keiner, der ein Anliegen oder eine Bitte hatte, wurde von ihm der Türe verwiesen. Mit unerschöpflicher Geduld, Hingabe und Nächstenliebe war er seinen Mitmenschen zu Diensten und wurde ein stilles, aber umso strahlenderes Zeugnis vom Wort Gottes auf Erden. Vom Volk wegen seiner Barmherzigkeit geliebt und von den Wallfahrern wegen seiner selbstlosen Hingabe verehrt, war er schon zu Lebzeiten über die Grenzen

Bayerns hinaus bekannt. Bereits vierzig Jahre nach seinem Tod wurde er 1934 heiliggesprochen und ist heute der Namensgeber des Altöttinger Klosters und der dazugehörigen Kirche sowie Patron des Bistums Passau.

Ein solches Schicksal schien ihm von klein auf beschieden zu sein. In seinem Geburtsort Parzham sagte man schon zu seinen Jugendzeiten: »Wenn der kein Heiliger wird, wird es niemand.« Der als wohlhabender Bauernsohn geborene Bruder Konrad, sein bürgerlicher Name lautete Johann Birndorfer, zeigte von Kindesbeinen an eine tiefe Frömmigkeit, die auffiel: »Vom Venushof-Hansl müssen wir das Beten lernen« war ein anderes geflügeltes Wort in seinem Heimatdorf. Der Venushof war der elterliche Bauernhof, der wegen seiner stattlichen Größe und seines bäuerlich-behäbigen Wohlstands schon damals weithin bekannt war. Hier wurde Bruder Konrad als elftes von zwölf Kindern geboren. Zu diesem Geburtsort des bescheidenen, selbstlosen Heiligen wollen wir uns nun begeben und dort die ersten Schritte auf seinem Weg zu Gott nachvollziehen.

Wahrlich! Schon bei der Anreise nach Parzham erkennt man, dass dies ein besonderer Ort mitten im herrlichen und gottgesegneten Rottal ist. Weit und liebevoll vom Schöpfer angelegte, harmonisch hügelige Landschaftszüge – je mehr man sich Parzham nähert, desto spürbarer und packender nimmt die

positive Energie zu. Hier strahlt eben nicht nur der Ort, sondern all das, was »am rechten Platz« vom Schöpfer vorbereitet und vorbestimmt war für ein Leben im Namen Gottes. Wer einmal hier war, der weiß, was das bedeutet: Im Herzen ankommen.
Bruder Konrads Leben mit und für Gott nahm hier auf dem Venushof am 22. Dezember 1818 seinen Anfang. Wer den Hof besucht, der registriert erstaunt, wie reich die Eltern des späteren Heiligen gewesen sein müssen. Gespräche mit Einheimischen ergeben: Auch unter den ehedem reichen Bauern dieser Gegend prangt hier schon ein besonderer, ein »g´wappelter« Reichtum. Der spätere Mönch mit dem Armutsgelübde sollte ursprünglich diesen großen, heute noch von gediegener Pracht strotzenden niederbayerischen Vierseithof übernehmen. Doch Gott hatte andere Pläne und ließ Bruder Konrad ganz bewusst auf ein Leben als reicher Rottaler Bauer und Großgrundbesitzer verzichten. Wie sehr muss seine religiöse Sehn-Sucht alles andere, das die Welt bietet, überwogen haben!
Eine überlebensgroße Kreuzigungsgruppe am rechts gelegenen Trakt macht den ankommenden Pilger auf die heilige Historie des Platzes aufmerksam. Gegenüber dem Museum befindet sich das Wohnhaus mit dem Geburtsraum, Bruder Konrads ehemaliger Schlafstube sowie weiteren Zimmern und Schlafräumen für Mägde und Knechte. Begehen Sie

die Räume, die teilweise in ihrer Ausstattung noch im Original erhalten sind. So etwa die Geburtsstube und die Schlafkammer des damals noch jungen Johannes. Kaum hatte der Bursche seine eigene Kammer im Obergeschoss des Venushofes, so baute er sich dort einen Altar, schuf eine Art Hauskapelle, in welcher er kniend manche Nacht im Gebet verbrachte. Direkt unter seiner Schlafkammer befindet sich die Geburtsstube, in der alle Kinder der Bauernfamilie das Licht der Welt erblickt haben. Draußen, direkt vor dem Fenster, plätschert ein Brunnen, von der hauseigenen Hangquelle gespeist, ein Wunderbrunnen mit belebender, heilender Energie. Dieser Lebensborn würde in jede Aufzählung heiliger Quellen und Brunnen gehören, wird aber seltsam diskret behandelt und nirgends erwähnt. Dieser magnetisierende, faszinierende Lebensquell taucht in keiner Beschreibung auf, bleibt aber dennoch energetisch der weitaus interessanteste Platz des gesamten Areals. Beachten Sie den Wuchs der Bäume, Sträucher und Pflanzen – in der direkten Umgebung der Geburtsstätte und dieses Brunnens mit seinem steinernen Trog scheint alles besser zu gedeihen. Es ist, als wäre eine Präsenz, ein Strahlen des Heiligen zurückgeblieben, der hier seine Reise mit Gott begann. Ich selbst war nach dem Besuch des Birndorfer-Hofes noch am nächsten Tag euphorisch und in wundersamer Weise »gehoben«.

Bruder Konrad werden zahlreiche Wunder zugeschrieben, insbesondere mehrere beglaubigte Heilungswunder durch von ihm ausgesprochene Fürbitten werden bezeugt. Denn Johann war im Gebet das, was man eine religiöse Urbegabung nennt. Die Wahrnehmung der ständigen Präsenz Gottes schien ihm in die Wiege gelegt und so konnte er gar nicht anders, als im ständigen Zwiegespräch mit dem Allmächtigen seine Tage zu verbringen. Er schien nicht nur die direkte Begegnung mit Gott jederzeit erleben zu können, er schien ihrer auch so zu bedürfen, wie andere Menschen Hunger und Durst verspüren. Von frühester Kindheit an hat ihn somit das Wort Gottes ergriffen, sodass die Dinge dieser Welt in seinen Augen zu dem schrumpfen mussten, was sie in Wirklichkeit sind: Schein und vergängliches Gut.

Schon in seiner Jugend unternahm er viele Wallfahrten, obwohl es durch die strengen Gesetze der Säkularisation verboten war. Wirtshäuser und die üblichen Verlustierungen mied er. So wurde er nicht selten Opfer des Gespötts anderer Burschen – was ihn jedoch nicht anfocht. Er blieb unbeirrbar in seinem Glauben: Alle Wege, die er in seinem Leben zurücklegte, angefangen mit dem Schulweg, beging er ins Gebet versunken oder mit dem Rosenkranz in der Hand. Auch auf dem elterlichen Hof verrichtete er sein Tagewerk in ständiger Zwiesprache mit Gott. Deshalb wollte er dabei auch keinen Hut tragen, denn das, so sagte er, vertrage sich nicht mit der Gegenwart Gottes. Zusätzlich zu seinem täglichen Gebet nahm er regelmäßig große Wegstrecken und Strapazen auf sich, um zu beichten und die heilige Kommunion zu empfangen. Schon früh bestimmte so in erster Linie der Gottes-Dienst die Tage des Jungbauern.

Eine ganze Weile blieb der sensible junge Mann hin- und hergerissen zwischen seiner weltlichen Bestimmung und seiner inneren Stimme, die lauter und lauter wurde. War diese innere Stimme doch der Ruf seines Schöpfers, der an die Tür seines Herzens klopfte und sich nicht abweisen ließ. Doch wie bei jedem jungen Menschen fand auch in Johann der übliche Kampf der Gedanken statt: Hierhin oder dorthin? Weltlicher Wohlstand und Familie oder unerschöpflicher geistiger Reichtum, jedoch in Armut und Zölibat? Die endgültige Entscheidung fiel bei einer Predigt, die der Zögernde in der Wallfahrtskirche St. Anna bei Ering hörte. Welche Inhalte dieser Predigt es auch waren, die zu Johann durchgedrungen sind – die Erleuchtung auf dieser Pilgerreise wurde zum Zünglein an der Waage, die ihn den endgültigen Entschluss für ein Leben für Gott fällen ließ.

So nahm er 1849 Abschied von der Heimat, verschenkte Hab und Gut an die Kirche und die Bedürftigen und trat in den Kapuzinerorden in Altötting ein. In Verehrung seines Idols Franz von Assisi und den von ihm gepredigten Tugenden Armut, Gehorsam und Keuschheit, wollte er den Ordensnamen Franziskus bekommen. Doch da soeben ein Konrad im Kloster verstorben war, nahm Johann Birndorfer, sich wie immer in Höheres fügend, dessen Namen an. Ein passender Name für den künftigen Pfortenbruder, denn im Althochdeutschen bedeutet Konrad »der tapfere Berater«. Ein tapferer und vor allem geduldiger Berater wurde Bruder Konrad jedem, der an die klösterliche Pforte klopfte. Ob er ein Vaterunser mit und für die Reisenden betete, Trost spendete oder sein Essen mit den Ärmsten der Gemeinde teilte – an der Schnittstelle zwischen dem klösterlichen Innenraum und dem weltlichen Außen schuf er einen Ort der Begegnung und der Zuflucht. Die Menschen, die seine brüderliche Fürsorge und Güte erleben durften, vergaßen sie nie. Einundvierzig Jahre Pfortendienst sollten es werden. So lange lebte Konrad das franziskanische Armutsideal, so lange verrichtete er demütig seinen täglichen Dienst an der Pforte des damaligen St.-Anna-Klosters und erreichte so Tausende von Hilfesuchenden und Gläubigen.

Im Jahre 1849 nahm der Herrgott seinem treuen Diener die Schlüssel zur Klosterpforte liebevoll aus der Hand und schenkte ihm die Schlüssel zu einem so ganz anderen Reich, wo es nun an ihm war, an die

Pforte zu klopfen. Bis zuletzt vertraute Bruder Konrad blind in Gottes Plan. Die letzten Worte auf seinem Totenbett, auf die Frage hin, ob er Angst hätte vor dem Sterben, lauteten: »Wie Gott will.«

Gebet: Bruder Konrad hat auf ein großes Erbe verzichtet, weil er ganz Jesus Christus nachfolgen, ganz mit ihm sein wollte. Er hat sich, wie es der Herr im Gleichnis empfiehlt, wirklich auf den letzten Platz gesetzt, als demütiger Pfortenbruder. In seiner Pfortenstube hat er genau das verwirklicht, was uns Markus über die Apostel sagt: Mit ihm sein und gesandt sein zu den Menschen. Er konnte von seiner Zelle aus immer auf den Tabernakel hinschauen, immer bei ihm sein. Von diesem Blick her hat er die nicht zu zerstörende Güte gelernt, mit der er den Menschen begegnete, die fast ohne Unterbrechung an seiner Pforte anläuteten – auch manchmal eher bösartig, um ihn bloßzustellen; auch manchmal ungeduldig und laut: Ihnen allen hat er ohne große Worte durch seine Güte und Menschlichkeit eine Botschaft geschenkt, die mehr wert war als bloße Worte. Bitten wir den heiligen Bruder Konrad, dass er uns hilft, den Blick auf den Herrn gerichtet zu halten, und dass er uns so hilft, Gottes Liebe zu den Menschen zu bringen.
Amen
(Auszug der Predigt beim Vesper-Gottesdienst in Altötting von Papst Benedikt XVI.)
Gedanken: Wer klopft an unsere Tür, den wir nicht hineinlassen und dem wir immer wieder den Rücken kehren? Welche innere Stimme der Nächstenliebe ruft uns im Namen Gottes und wir hören nicht auf sie? Bescheidenheit, Geduld und Nachsicht sind die Tugenden gelebten Glaubens. Leben wir danach?

Ausgangspunkt: Einfahrt zum Venushof in Parzham.
Einkehr: Nichts in unmittelbarer Nähe. Jedoch existiert eine »Brotzeitstube«.
Anfahrt: Ab München Richtung Passau die B 12 über Mühldorf, Neuötting bis Bad Birnbach. Hier nicht nach Birnbach links abbiegen, sondern wenige Kilometer weiter bis Weng/-Parzham. Hier links ab, dann kommt bald die ausgeschilderte Abzweigung nach rechts »Bruder Konrad Geburtshaus«.

3
Wallfahrtskirche Sammarei

Das »Bayerische Assisi«:
Ein Schrein der Mutterliebe

Sammarei bei Ortenburg zählt zu den größten Marienwallfahrtsorten Bayerns. Der zunächst fremd klingende Name lässt dabei kaum vermuten, dass es sich um eine bayerische Wallfahrtskirche handelt. Tatsächlich verbirgt sich dahinter ein im bayerischen Dialekt abgewandelter Ortsname mit christlichem Hintergrund. Der melodische Name Sammarei leitet sich ab von Sancta Maria (Heilige Maria) über Sankt Marei zu Sammarei. Mitten im herrlichen Rottal und seinem viel besuchten Klosterwinkel befindet sich diese prachtvolle Wallfahrtskirche, die einst einen bescheidenen Anfang nahm.

An der heiligen Stelle, die heute von Tausenden Gläubigen und Pilgern aufgesucht wird, stand schon im Mittelalter eine bescheidene Andachtsstätte Maria zu Ehren. Eine schlichte Holzkapelle, die Zeugnis wurde von Gottes Gnade und als Stätte des Wunders heute umschlossen wird von der großen, weithin sichtbaren Wallfahrtskirche von 1631: eine

Kirche in der Kirche, ganz so wie die Portiuncula-Kapelle, in welcher der heilige Franziskus starb und um die eine mächtige Kathedrale errichtet wurde. Geradezu mütterlich umschließt auch hier der prächtige Barockbau mit dem dreifach gestuften Zwiebelturm die kleine hölzerne Kapelle, das als »miraculum contra naturam«, als Wunder wider die Natur, einst auf wundersame Weise einer Feuersbrunst widerstand. Einst stand die kleine Feldkapelle als schlichte Stätte der Marienverehrung inmitten der sanft hügelig geschwungenen Landschaft.
Ein Bauernhof befand sich in direkter Nachbarschaft zu diesem gesegneten Platz, seine Bewohner bergend und schützend, der Unbill aller Jahreszeiten und Gewitterstürme trotzend. Daneben und umgeben von einem Hain von Bäumen, das kleine Kapellchen, das den Bewohnern der umliegenden Höfe zur Andacht diente. Doch im Winter des Jahres 1619 erfasste ein Brand jenen angrenzenden Bauernhof und bald brannten alle umliegenden Bäume lichterloh. Brennende Äste fielen auf das Schindeldach der Kapelle, doch sie blieb – als hätte Gott seine schützende Hand darübergehalten – unversehrt. Der Hof mit seinen Gebäuden und die umliegenden Bäume fielen den Flammen anheim, nur die unscheinbare Marienkapelle blieb verschont. Hitze, Flammen und Zerstörungskraft hatten ihr nichts anhaben können. Auch einen Apfelbaum, der ganz

nahe bei der Kapelle stand, hatte das Feuer erfasst, ohne dass es auf die hölzerne Kapelle übergriff. Er sollte Teil des Wunders an diesem heiligen Ort werden: Die Flammen und die Hitze hatten ihn völlig verkohlt. Seine Blütenarme, die er einst in lauen Frühlings- und Sommernächten schützend über das Gotteshaus gehalten hatte, waren tot und schwarz, sein Blätterdach zu Asche geworden.
Das Ende?
Nicht an diesem Ort! Durch Gottes Gnade kehrte das Leben zurück an diese Stätte der Verwüstung. Das Wunder geschah: Gleich im darauffolgenden Frühling schlug der tot geglaubte Baum wieder aus, er blühte und trug Früchte. Ein göttlicher Gnadenstrahl hatte sich auch über den Apfelbaum ergossen und verwandelte ihn in ein Symbol der Wiedergeburt und Auferstehung. Die Äpfel dieses gesegneten Baumes übersandte der damalige Abt des Aldersbacher Klosters der Kurfürstin Elisabeth, um so eine Erlaubnis für den Bau einer Wallfahrtskirche zu erwirken. Eine Kirche aus Stein sollte von nun an die wundersame Feldkapelle wie ein Heiligenschrein umschließen.
Betreten wir also diesen schützenden Prachtbau in Sammarei. Das Innere der barocken Wallfahrtskirche begrüßt den staunend Eingetretenen durch eine augenblicklich einsetzende, recht eigenartige Mischung aus himmelhochjauchzender Wunderselig-

keit und starker Verbundenheit mit dem heiligen Grund, auf dem man steht. Man fühlt sich verbunden mit der Landschaft und den Menschen, die hinströmen zu diesem Marienwallfahrtsort, um hier zu beten und die einmalige Energie eines vor langer Zeit geschehenen, aber hier bewahrten Wunders zu erleben. Zu jeder vollen Stunde erklingt das Glockenspiel von dem hohen Turm in der Melodie eines dem Kirchenjahr angepassten Marienlieds und trägt so die Heilsbotschaft weit ins Land hinaus. Es zeugt von der Präsenz Gottes auf Erden in Augenblicken höchster Not. Ein Hoffnungsschimmer im Angesicht der Zerstörung.
Sooft ich hierherkomme, steigt meine gute Laune in selten gekannte Höhen. Doch ist dies keine oberflächliche Fröhlichkeit – es ist viel mehr! Erde und Himmel zugleich und eben ein Aufblitzen ewiger Seligkeit hier im irdischen »Dazwischen«. Liebevoll ist dieses gottgefällige Fleckchen Erde – ein Zentrum der Gnade. Wie viele Menschen haben hier schon die Mutter Gottes um Gehör angefleht und es auch erhalten. Die große Kirche fasste sie alle, die sich hier im Gebet zusammendrängten, bot ihnen Frieden und Schutz, so wie der kleinen Kapelle in ihrem Inneren.
Ihr lichtdurchfluteter Längsraum ist dabei von überraschender Schlichtheit und Geradlinigkeit. Wenig Prunk und Schnörkel, nichts lenkt ab von dem ei-

gentlichen Heiligtum, das hier gehütet wird. Alle Pracht bündelt sich am Hochaltar, der den Zugang zur legendären Holzkapelle markiert. Das monumentale Altarwerk findet über die Augen sofort den Weg ins Herz und tief hinein in die Seele. Barockes Welttheater auf dem Grund von typisch dunklem Holz mit viel Licht- und Wärme spendendem Gold. Direkt hinter diesen prachtvollen Altarflügeln, in der Mitte des Chorraumes, verbirgt sich die kleine Gnadenkapelle, das Herzstück und sprichwörtliche Innerste dieser Wallfahrtsstätte. Allein durch die beiden Durchgänge am Hochaltar ist sie zu erreichen.
Unversehrt von den Umtrieben der Außenwelt, scheint hier seit dem wundersamen Feuer vor fast vierhundert Jahren die Zeit stehen geblieben zu sein. Wer sie in gebückter Haltung betritt (denn anders geht es nicht), der geht förmlich auf in Geborgenheit, Heil, Heilung und Heiligkeit, im heimeligen Dämmerlicht, das einen empfängt. Das gebrochene Tageslicht, die wenigen Sonnenstrahlen, die von außen aus dem Kirchenschiff durch die vier Dachluken fallen, erzeugen ein Gefühl des Aufgehobenseins, der Rückkehr in den Schoß der Mutter.
Die Mutterliebe der Heiligen Jungfrau Maria ist es auch, die in Sammarei wie ein Leitmotiv in der großen Symphonie der Schöpfung, des Lebens und der Liebe Gottes zu klingen scheint. Maria, das Weibli-

che und Mütterliche, das erdende Prinzip des Glaubens stehen hier im Vordergrund, Hintergrund und Mittelpunkt oder, um die zahlreichen Votivbilder wörtlich zu nehmen: über allem. Sofort fallen diese dicht an dicht gedrängten Votivbilder auf, die vom Wirken eines heiligen Ortes zeugen und besinnliche, ergreifende Atmosphäre schaffen: Mehr als 1300 Votivtafeln aus vier Jahrhunderten schmücken das Innere und Äußere der hölzernen Gnadenkapelle. Nehmen Sie sich die Zeit und lesen Sie Gelöbnisse, die hier von Gläubigen in Anrufung der Heiligen Jungfrau getätigt wurden, werden Sie Zeuge der vielen Einzelschicksale, in denen Marias Fürbitten geholfen haben.
Das Objekt der höchsten Verehrung und Kraftzentrum in diesem Raum ist jedoch das Altarbild, ein Gnadenbild der Gottesmutter. Wir sehen die heilige Maria mit ihrem Kind, das sich vertrauensvoll und in kindlicher Zärtlichkeit an sie schmiegt. Die Innigkeit dieses Bildes und des Raumes sowie des warmen Dämmerlichtes kann keiner vergessen, der einmal hier war. Alles prägt sich ein ins Herz! Sammarei ist Herzenssache.
Es ist die mütterliche Liebe, die hier so stark zum Ausdruck kommt, doch ebenso sehr das mütterliche Leid in der berühmten Pietà-Statue im Tabernakelgehäuse: Maria als Mater Dolorosa, als schmerzerfüllte Mutter, die den Leichnam ihres gekreuzigten

Sohnes Jesus im Arm hält. Eine so herzzerreißende Trauer geht von dieser kleinen Statue aus, von der Haltung der gramgebeugten Gottesmutter mit ihrem verletzlichen, geschundenen Sohn auf dem Schoß, dass es einen erschüttert und tief im Innersten ergreift. Nur selten wird der Schmerz bedacht, den Mariens Mutterherz erleiden musste, als sie den Leidensweg von Jesus miterleben und bis zum Ende begleiten musste. Den Weg von Christus, dem Erlöser, aber auch von ihrem geliebten Sohn. Man fühlt sich beinahe wie ein Eindringling bei der innigen Liebe zwischen Mutter und Kind, die hier zum Ausdruck kommt. Nehmen Sie dieses Gefühl der Innigkeit, der Hingabe und des Vertrauens mit auf Ihren Weg nach draußen. Denn so wie Maria ihren Sohn liebte und mit ihm litt, so liebt und leidet Gott der Herr mit uns auf allen Schritten in unserem Leben.

Gebet: Heilige Maria, Mutter Gottes,
Du hast der Welt das wahre Licht geschenkt,
Jesus, Deinen Sohn – Gottes Sohn.
Du hast dich ganz dem Ruf Gottes überantwortet und bist
so zum Quell der Güte geworden, die aus ihm strömt.
Zeige uns Jesus. Führe uns zu ihm.
Lehre uns ihn kennen und ihn lieben,
damit auch wir selbst wahrhaft Liebende
und Quelle lebendigen Wassers werden können
inmitten einer dürstenden Welt.
Amen

(Gebet von Papst Benedikt XVI. aus der Enzyklika »Deus caritas est«)

Gedanken: Oft heißt wahre Liebe loslassen können: Den geliebten Menschen notwendige Fehler und Erfahrungen machen zu lassen. Ihn seine Bestimmung erfüllen lassen. Und den geliebten Menschen nach einem möglichen Sturz aufzufangen, Schutz und Trost zu gewähren.

Ausgangspunkt: Ein kleiner Parkplatz in direkter Nähe der Wallfahrtskirche Sammarei.

Einkehr: Der Kirche schräg gegenüber ein bodenständiges Gasthaus mit zauberhaftem Biergarten.

Anfahrt: Ab München Richtung Passau die B12 über Mühldorf, an Altötting vorbei (Abstecher! S. Kapitel 6) weiter bis Neuötting, dann über Eggenfelden bis Bad Birnbach, von hier nördlich nicht mehr weit über Haarbach bis Sammarei.

4
Maria Gern bei Berchtesgaden

Heil bringende Muttergottes

Die Wallfahrtskirche Maria Gern zählt zu den schönsten ländlichen Kirchen in Oberbayern. Mit ihren geschwungenen weißen Mauern, dem rosa Bandelwerk und dem malerischen Zwiebelturm steht keine lieblicher inmitten malerischer Alpenlandschaft. Im Schatten des sagenumwobenen Untersberg und den Blick auf den Watzmann gerichtet, markiert sie den Beginn des Gerner Hochtals, das in erhabenen Höhen zwischen der Kneifelspitze im Osten und dem Untersberg und dem Berchtesgadener Hochthron im Nordwesten liegt. Lassen Sie sich schon bei der Anreise ergreifen von der Kraft der gesamten Umgebung, dem weiten, jedoch immer enger zulaufenden Tal, das ein Dreieck bildet.

Diese besondere geografische Begebenheit ist es auch, die Tal und Kirche ihren Namen gibt: Weil das Tal so spitz und keilförmig zuläuft, hat es seit jeher den Namenszusatz »gern«, von *gêre*, was auf mittelhochdeutsch »dreieckiges Stück/Speerspitze« bedeutet. *Gêren* wiederum bedeutet auf Mittelhochdeutsch Schoß. Welch eine Landschafts-Spiritualität: Ein Marienwallfahrtsort im Schoße eines Hochtals, in einem Dreieck zwischen Kneifelspitze, Almbachklamm und südlichem Untersberg. Ein Hinweis auf die Dreifaltigkeit? Ein faszinierender Gedanke.

Bestaunen Sie die umgebenden Bergriesen und die kleine Kirche, die auf ihrer Anhöhe ungerührt den Zeiten trotzt. Wie sie so am Taleingang thront, wirkt sie wie ein Wächter, den jeder, der das Tal betreten will, passieren muss. Eine erhabene Stätte der Andacht mit einem letzten Blick zurück in die Ebene, bevor sich das Tal hochschraubt in dicht bewaldete Höhen. Ein Ort von entrückender Schönheit und Wildheit, der wie vorbestimmt scheint für eine Begegnung mit Gott. Immer schon haben sich die Menschen an solchen Plätzen versammelt, um Gottes Nähe auf Erden zu spüren und seinen Beistand zu erbitten inmitten von zerklüftetem Fels und ungebändigter Natur.

Die Wallfahrt zum Gnadenbild der Maria, zur »Madonna von da Gern«, die Gläubige von weit her anzog, begann kurz nach 1600. So viel Zustrom löste die Marienfrömmigkeit in diesem Bergtal aus, dass der heutige, 1708–10 errichtete Bau der bereits dritte an genau dieser Stelle ist. Der Höhepunkt der

Marienwallfahrt war hier um 1800. Und heute? Heute bewegen sich die Menschen mehr denn je auf Pilgerpfaden zu den verschiedenen Wallfahrtsorten und Zeugnissen von Gottes Gnade, denn die zum Leben und seelischen Überleben notwendigen Werte sind in den letzten Jahrzehnten wie von einem reißenden, kalten Gebirgsbach hinweggespült worden. Dieser Ort jedoch hat dem Strom der Gezeiten und den menschlichen wie geschichtlichen Wirren unverändert standgehalten und ruft den Gläubigen zu einem Moment des Friedens und der Erleuchtung.
Gehen wir langsam auf die kleine Anhöhe zu. Rechts von der Straße, der Kirche vorgelagert, befindet sich die kleine stuckverzierte Ölbergkapelle. Ihre Darstellung der Ölbergszene zeigt, wie Jesus, kurz bevor er seinen Häschern durch Judas ausgeliefert wurde, in Angst und Verzweiflung Gott anruft, bereit, den Kelch des Lebens aufzugeben: »Vater, wenn du willst, nimm diesen Kelch von mir…« Danach verkündete er seinen Jüngern, was er ihnen bereits vergeben hatte: dass sie ihn verleugnen würden, dass er, ihr Hirte, fallen würde und sich seine Schafe zerstreuen würden.
Heute wird sie genutzt als Kriegsgedächtnisstätte für die Gefallenen der beiden Weltkriege. Eine schwerwiegende Wegesandacht wird uns so mitgegeben auf unserem kurzen Anstieg zur Kirche. Steigen wir nun den kleinen Hügel hoch, der selbst eine Erhebung

des Reitbichls, eines Ausläufers der Kneifelspitze, ist. Eine breite Freitreppe führt zum Portal der Kapelle. Wir durchschreiten es und betreten einen durch seine lichte und sakral leichtgewichtige Schönheit überraschenden Innenraum mit einer großartigen Stuckdecke. Lassen wir das Oval in den hellen Seelenfarben doch einfach auf uns wirken!
Heitere Festlichkeit, das ist der überwältigende Gesamteindruck. Dieser entsteht natürlich durch allerlei architektonische Finessen und Kunstgriffe. Doch gehen wir bewusst nicht zu sehr in kunstgeschichtliche Details, lassen wir lieber den Raum auf uns wirken. Der in sich symmetrische Hauptraum zwischen Turm und Sakristei-Anbau ist in der Grundform einer Ellipse gehalten, umschlossen von reich bewegten Wänden in verschiedenen Kurven und Ausbuchtungen, die das Kirchenschiff umschließen. Auch die Ochsenaugenfenster über dem Seitenaltar nehmen diese Grundform des Raumes wieder auf. Ein bewegender Kreislauf!
Wieder ist es, als ob die bloße Geometrie des heiligen Ortes an das Wort Gottes gemahnt und ein Schöpfungsgeheimnis anklingen lässt. Denn an den beiden spitz zulaufenden Punkten dieser Längsellipse befinden sich nicht nur das Kirchenportal und der Altarraum. Das Oval der Kirche verweist in seiner Ausrichtung auch auf zwei natürliche Gottesburgen, die von der Schöpfungsmacht des Herrn zeugen: im

Süden der Watzmann, im Norden der Untersberg. Das Kirchlein scheint wie eine Kompassnadel auf einer unsichtbaren Linie längs nach den beiden Berggriesen ausgerichtet.
Im Kircheninneren befindet sich auf der Nordseite in einem separaten Altarraum das Herzstück der Wallfahrtskirche: das Gnadenbild der Gottesmutter. Die geschnitzte Maria in ihren mit dem Jahreslauf wechselnden Prachtgewändern bildet den Mittelpunkt des von trefflichen Heiligenfiguren umgebenen Hochaltars. Liebevoll geborgen in den Stofffalten ihres Gewandes hält sie das gekrönte Jesuskind. Nur zur Fasten- und Adventszeit kann man sie ohne Gewand in ihrer lieblichen Gestalt sehen.
Nur zu diesen besonderen Anlässen sieht man, was sonst von prächtigen Stoffen verborgen ist: Ihr Fuß steht auf einer Mondsichel, wie häufig in Mariendarstellungen. Maria, der Himmelskönigin, die hier auch mit einer Krone gezeigt ist, sind Sonne, Mond und Gestirne untertan. Auch ist dies ein Hinweis auf die Offenbarung des Johannes. Dort heißt es: »Dann erschien ein großes Zeichen am Himmel: eine Frau, mit der Sonne bekleidet, der Mond war unter ihren Füßen und ein Kranz von zwölf Sternen auf ihrem Haupt. Und sie gebar ein Kind, einen Sohn, der alle Völker weiden sollte mit eisernem Stabe. Und ihr Kind wurde zu Gott und seinem Thron entrückt« (Offb 12,1,5).

Die mütterlich-kindliche Zuneigung, die von diesem Gnadenbild ausgeht, scheint sich auf den ganzen Bau zu übertragen. Betrachten Sie das Zeltdach mit dem Stern darüber als Symbol für die irdische Pilgerschaft unter der Führung des himmlischen Lichts. Spüren Sie die offenen und zugleich geschlossenen Arme der Raumellipse, die heranziehen, um tröstend Schutz zu gewähren und Sie zugleich gesegnet wieder auszusenden in die Welt. Genießen Sie die festliche Heiterkeit mit den zahlreichen Engeln und Putten inmitten des harmonischen Farbenspiels. Spüren Sie das Gottvertrauen, das der Glaube seit Urzeiten denjenigen gibt, die in Demut und Bescheidenheit dieses Heiligtum aufsuchen. Ihnen allen wird geholfen. So verkünden es die Goldbuchstaben zu Füßen des Gnadenbilds:

»Wer zu mir kombet in die Gern,
dem will ich seine bitt erhörn,
ein Muetter ich mich zeigen will
der Zeichen suecht hier findt er vill.«

Verborgene und offensichtliche Zeichen des Heils kann man hier wahrlich finden. Nach einem Besuch dieses in wundervolle Natur eingebetteten Heiligtums können auch Sie sich innerlich gehoben und der Hilfe gewiss wieder in die Stürme des Lebens wagen. Maria wird helfen.

Gebet: Der Herr ist mein Hirte, nichts wird mir fehlen. Er lässt mich lagern auf grünen Auen und führt mich zum Ruheplatz am Wasser. Muss ich auch wandern in finsterer Schlucht, ich fürchte kein Unheil; denn du bist bei mir, dein Stock und dein Stab geben mir Zuversicht.
(Psalm 23, 1–2, 4)
Gedanken: Oft ist die Pilgerfahrt nur die Reise vor der Reise. Schon immer haben Menschen vor ungewissen und gefährlichen Herausforderungen und Aufgaben im Leben Gnadenstätten aufgesucht und Beistand erbeten. Doch gerade in den Untiefen und Wirren des Lebens, auf dem Weg ins finstere Tal, können wir auf Gott vertrauen, so, wie David es getan hat.
Ausgangspunkt: Die Straße vor der breiten Freitreppe, die den kleinen Himmelshügel hinaufführt zum Portal der Kirche Maria Gern.
Einkehr: Gasthaus Maria Gern in direkter Nachbarschaft der Kirche.
Anfahrt: Autobahn A8 München-Salzburg, Ausfahrt Bad Reichenhall. Dann über Hallthurm bis Bischofswiesen. Dort links ab Richtung »Aschauer Weiher Bad«. Dann ist Maria Gern deutlich ausgeschildert.

5

St. Nikolaus in Bad Reichenhall

Eine Stätte der Aufforderung und Verheißung

Spirituelle Schlichtheit, Würde und Wucht! Der Zeiten-Geist des Hochmittelalters – hier, in der Pfarrkirche St. Nikolaus in Bad Reichenhall atmet er immer noch. Bereits im Jahre 1181 wurde die altehrwürdige dreischiffige Basilika errichtet, als der Handel mit dem »Weißen Gold« florierte und die Stadt reich und mächtig machte. Aufgrund verheerender Feuerschäden und fälliger Renovierungen wurde die Kirche jedoch im 19. Jahrhundert weitgehend umgebaut, sodass sie viel von ihrer kraftvollen archaischen Schönheit einbüßen musste. Dennoch – Grundriss, Struktur und Ausstrahlung des Gebäudes blieben erhalten und es ist erstaunlich, wie sehr diese massige Form noch von den mittelalterlichen Wurzeln der Kirche zeugt.

Bestaunen wir dieses Gotteshaus, in dem sich Uralt und Neu, rohe ursprüngliche Baukunst und virtuos filigrane Malerei verbinden. Spüren wir den uralten gelebten Glauben, den das Gemäuer abstrahlt, und

bewundern wir die wunderschöne neue Gestaltung der Kirche.
Schon die Anreise stimmt uns ein auf ein besonderes spirituelles Erlebnis. Die Autobahn München-Salzburg beschert uns auf dem letzten Stück vor der Ausfahrt »Bad Reichenhall« den Untersberg in Breitformat, allerdings die dunkle und bewachsene Seite, nicht die dräuenden, schroff abfallenden Felswände, wie sie sich auf der anderen Seite in die Seele des Beschauers graben. Wir spüren die Verbundenheit mit der Landschaft und das Besondere, das von ihr ausgeht. Mitten in Bad Reichenhall dann, gleich bei der Abzweigung des Straßenverlaufes nach Berchtesgaden, lockt der wuchtige romanische Bau der Nikolauskirche den (Be-)Suchenden, als würde er sagen: Tritt ein, verweile und staune. Wie oft habe ich diese Aufforderung ignoriert, bis mich die Mauern geradezu zum Stehenbleiben zwangen. Sanfter Zwang – charakteristisch für heilige Orte. Irgendwann kommt man einfach nicht mehr daran vorbei. Heilige Orte haben stets eine anziehende Kraft – für den, der bereit ist, sie zuzulassen. Insbesondere dieses Gotteshaus hat trotz seiner heutigen Lage an einer belebten Straße etwas eigenartig Forderndes. Eine Stein gewordene Einladung, das Gespräch mit Gott zu suchen und Seiner zu gedenken.
Besonders das weit nach innen versetzte steinerne Hauptportal wirkt wie eine unüberhörbare Auffor-

derung zum Eintritt. Es zieht einen förmlich hinein in die Kirche. An den Seiten durch je drei Säulen gesäumt, verjüngt sich dieser Eingang zu einer gedrungenen Holzpforte hin. Rundbogenstäbe verbinden die Säulen über unseren Köpfen, sodass der Eindruck entsteht, einen spiralförmigen Tunnel zu betreten. Dieser Durchgang erweist sich als wahrer Zeitentunnel, der den Besucher in einen Kirchenraum führt, wo jeder Steinquader altertümliche Spiritualität atmet. Lassen wir dieses Portal noch ein wenig auf uns wirken. Der feierliche Ernst dieser entrückenden, (noch) verschlossenen Pforte wird durch das Mosaik im Tympanon hervorgehoben. Wir sehen das apokalyptische Lamm und das Buch mit den sieben Siegeln aus der Offenbarung des Johannes.

Es ist Jesus, das Lamm Gottes, der laut der Offenbarung die sieben Siegel des Buches öffnet, um das Ende der Welt und ein neues Zeitalter einzuläuten: Tod und Wiedergeburt zugleich. Darauf verweisen auch das A und Ω heiligen, das Alpha und Omega, zu den Seiten des Lamms. Sie gemahnen herrisch und bestimmt an Christus als Anfang und Ende dessen, was seine Menschenkinder Zeit nennen. Denn so steht es auf der letzten Seite der Bibel: »Ich bin das Alpha und das Omega, der Erste und der Letzte, der Anfang und das Ende« (Offb 22,13). Anfang und Ende, Geburt und Tod werden eins in Christus. Er bringt das Ende und schenkt durch seinen Tod auf Erden gleichzeitig das ewige Leben. Dank ihm wird der Mensch am Tag des Jüngsten Gerichts wiederauferstehen von den Toten, denn Jesus hat seinen Jüngern und allen Menschen versprochen: »Siehe, ich komme bald und mit mir bringe ich den Lohn und ich werde jedem geben, was seinem Werk entspricht« (Offb 22,12). Mystik der Apokalypse, Abrechnung und Bewährung, Gnade und Verdammnis! Vor allem aber: Aufforderung. Denn die nachfolgenden, letzten Worte der Heiligen Schrift lauten: »Komm! Wer durstig ist, komme. Wer will, empfange umsonst das Wasser des Lebens« (Offb 22,17). Das Portal der St.-Nikolaus-Kirche in Bad Reichenhall: ein apokalyptisches Zeitentor, ein heiliger Ort der religiösen Versenkung und Verheißung. Durchschreiten Sie nun diesen imposanten steinernen Torbogen und betreten Sie das Kircheninnere. Streben Sie zunächst zur südlichen Seitenapsis, die noch ganz als ursprünglicher, romanischer Bau des 12. Jahrhunderts erhalten blieb. Betrachten Sie die archaischen Säulen, die anstelle von Kapitellen auf steinernen Menschenfiguren und Löwenköpfen ruhen. Was für ein Tier halten diese Löwenköpfe im Rachen …? Zu sehr hat der unerbittliche Zahn der Zeit an diesen uralten Steinsäulen genagt, um es mit Sicherheit zu bestimmen. Ist es etwa die Schlange als Zeichen für den Teufel und der Löwe ist dann ein

Zeichen für Jesus? Mit dem Sohn Gottes wird in der apokalyptischen Tiersymbolik nämlich nicht nur das sanfte Lamm, sondern auch der mächtige Löwe verbunden. Möglich wäre es.
Betreten Sie das Hauptschiff. Das Tonnengewölbe, der lichte und einfache, dennoch unglaublich wuchtige Stil des dreischiffigen romanischen Kirchenraumes ergreift Sie sofort. Sie sind jetzt wie in einer anderen Welt. Die Rundbögen, ruhend auf festen und zuverlässigen Säulen, die Hauptschiff und Seitenschiffe trennen und tragen, ziehen Blick, Geist und Seele nach vorne zur zentrierenden Altar-Apsis, zum Altar selbst. Zu Gott.
Lassen Sie das wunderschöne, den Raum dominierende Apsisgemälde des romantischen Malers Moritz von Schwind auf sich wirken. Neben dem heiligen Georg, Korbinian und Pankraz sehen wir hier den Patron und Namensgeber der Kirche, den heiligen Nikolaus von Myra. Zahlreiche Legenden ranken sich um diesen populären Heiligen. Sie alle haben eines gemein: Sie setzen ein Zeichen für die Güte und Großzügigkeit des heiligen Nikolaus. Sosehr auch St. Nikolaus heute bloß noch als beinahe weltlicher Heiliger vor Weihnachten gefeiert wird, die Kernbotschaft ist erhalten geblieben: Der Akt des Gebens als Weg zum Heil. Meditative und liebevolle Gedanken ziehen ein in den Geist, in den Denkkreis. Erstaunlich, was für »weite Kreise« dieser

sympathische Heilige mit der Ideologie des Gebens statt des Nehmens zieht!
Richten Sie nun den Blick nach oben und bestaunen Sie die einmalige Darstellung der Dreifaltigkeit, die über den Köpfen der vier Heiligen schwebt. Vertiefen Sie sich einen Augenblick in diese außergewöhnliche Darstellung Gottes, der hier das Kreuz mit seinem gemarterten Sohn mit den Armen umfängt und es so dem Betrachter geradezu entgegenstreckt – ein Mahnmal und wiederum eine Aufforderung: Sieh her, dies ist mein einziger Sohn, den ich für Dich geopfert habe. Er hat die Sünde der Welt, Deine Sünden, auf sich genommen für Dich. Eine ergreifende Darbietung im wahrsten Sinne des Wortes. Ein Opfer der Liebe zur Erlösung der Menschheit. Zwei Engel eskortieren das Kreuz und über allem, beinahe schon in der Kuppel der Apsis, schwebt die Taube als Symbol für den Heiligen Geist.
Auch die Gottesmutter ist nicht weit in dieser erhabenen Stätte. Im Seitenschiff zur Linken ist, wie bei so vielen Kirchen, das Weibliche, das Mütterliche zu finden. Dort befindet sich ein Marienaltar. Eine besondere Madonna ist hier zu bewundern: die sogenannte Reichenhaller Muttergottes. Sie wird als Marienwunder verehrt, seit sie nach einem Bombenangriff im Zweiten Weltkrieg unversehrt aus den Trümmern des zerstörten Sancta-Maria-Klosters geborgen wurde. Eine Bombe schlug ein in das Klos-

ter, zerstörte das Gebäude völlig und kostete drei Ordensschwestern das Leben. Das Bild jedoch, damals Altarbild der Hauskapelle, ragte aufrecht wie ein letztes Mahnmal des Himmels ohne die geringste Verletzung aus den Trümmern. In all der Zerstörung hat Gott seine schützende Hand über das zerbrechliche Kunstwerk der Patronin des Klosters gehalten.

Die Pfarrkirche St. Nikolaus, ein heiliger Ort an bedeutender Stelle, direkt bei Reichenhall, der reichen Saline: Untrennbar ist das gesamte, landschaftlich so schöne Areal – und damit vielleicht auch dessen Spiritualität – mit der Gewinnung von Salz verbunden: Dieses war im frühen Mittelalter ein so wertvolles Gut, dass es mit Gold aufgewogen wurde. Das Weiße Gold, es verlieh Macht und Reichtum.

Das erkannte auch der heilige Rupert bei seinen Missionierungsbemühungen dieses Teils des Alpenlandes, das heute ihm zu Ehren als Rupertiwinkel bekannt ist. Der heilige Rupert, der auch als »Apostel Bayerns« bekannt ist, ist in dieser Region ein stark verehrter Heiliger, der es verstand, auch weltliche Güter zur Verbreitung des Glaubens und zur Verehrung Gottes zu nutzen: Salz und Glaube. Umsichtig setzte er das Geschäft mit dem Salz zur Finanzierung seiner Klöster und Kirchen ein, um so die Bekehrung der teils noch heidnischen Bergbewohner voranzutreiben. Gottesmann, Missionar und Unternehmer in Sachen Salzvertrieb. Und das im 7. Jahrhundert nach Christus!

Gebet: Herr, wie leicht vergessen wir die großen Opfer, die Du gebracht hast, um uns zu erretten.
So leicht nehmen wir unser Glück und unsere Erlösung als selbstverständlich hin, so selbstverständlich nehmen wir alle Deine Gaben an.
Lass mich bei alldem nicht vergessen zu *geben*, so wie es der heilige Nikolaus getan hat. Lass mich nicht an weltliche Güter mein Glück und Seelenfrieden knüpfen, sondern nur an Dich.
Amen
Gedanken: Geben ist seliger denn Nehmen. Wer unaufhörlich gibt, wird unaufhörlich empfangen. Wer teilt, der läuft auf den Spuren Jesu und ist ein leuchtendes Beispiel, das andere ohne Worte zu überzeugen vermag.
Ausgangspunkt: Kleiner Parkplatz an der Hauptstraße nach Berchtesgaden, rechts vor dem Nordportal der Kirche St. Nikolaus.
Einkehr: Wegen des regen Kurbetriebes ist die gesamte Kreisstadt Bad Reichenhall mit zahlreichen schönen Lokalen gesegnet.
Anfahrt: Autobahn München-Salzburg A 8, Ausfahrt Bad Reichenhall, die Kirche findet sich mitten im Ortszentrum.

6
Wallfahrtsort Altötting

Der Herzschlag des Glaubens

»Das Herz Bayerns schlägt in Altötting.« So hat es Papst Benedikt XVI bei seinem Besuch 2006 wunderbar treffend ausgedrückt. Auch seine Kindheit und seine ersten Begegnungen mit Gott waren geprägt von regelmäßigen Wallfahrten an diese besondere Gnadenstätte, die fromme Pilger von alters her anzieht.

Schon immer haben Menschen an diesem Ort gelebt und sich hier versammelt. Bei Ausgrabungen auf dem Kapellplatz im Jahre 1983/84 wurden Spuren entdeckt, die bis in die Jungsteinzeit hineinreichen und auf eine kultische Nutzung des Ortes seit dieser Zeit hindeuten. Wie so oft, wenn man sich mit Wallfahrtsorten befasst, zeigt sich, dass diese schon seit Hunderten, wenn nicht wie hier gar seit Tausenden von Jahren als heilige Orte der Versammlung, Andacht und des Gebets bestehen. Das urchristliche, katholische Altötting – ein früherer heidnischer Kultplatz? Gottes Wege sind unergründlich.

Urkundlich tritt Altötting erst 748 unter dem Namen Autingas ins Rampenlicht der Geschichte. Doch schon früher, um das Jahr 700, wird das Entstehen der achteckigen Gnadenkapelle vermutet, des uralten Heiligtums des Wallfahrtsortes. Sie ist mit zahlreichen Legenden und Wundergeschichten behaftet. So soll etwa der heilige Rupert, der große Missionsbischof des Voralpenlandes, der sogenannte Apostel Bayerns und der Namensgeber des Rupertiwinkels, den ersten christlichen Bayernherzog in dieser Kapelle getauft haben. Ihre achteckige Form deutet auch auf genau diese ursprüngliche Funktion als Taufkapelle hin.

Eines ist jedenfalls sicher: Dieser Ort besitzt seit ewigen Zeiten eine magnetische Anziehungskraft auf Pilger und Gläubige aus aller Welt. Hunderte von Wundern finden sich in den Mirakelbüchern der Wallfahrtskirche verzeichnet und Millionen von Wallfahrern strömen alljährlich zusammen auf den sternförmigen Platz vor der Gnadenkapelle, wo alle Pilgerpfade zusammenlaufen. Ein Platz der Begegnung, ein Knotenpunkt in einem Netz aus Wegen, aus Kraftlinien, auf denen die Gläubigen nach Altötting streben.

Wegen des enormen spirituellen Magnetismus hatte Altötting als Wallfahrtsort bald Andechs den Rang abgelaufen. Besonders die Mitglieder des Hauses Wittelsbach taten sich als eifrige Altötting-Pilger hervor. Der Ort wird so zum (Kraft!-) Zentrum für große Politiker und Feldherren der Geschichtsläufe. Spiritueller Ausgleich, Erleuchtung und Beistand im politischen Ränkespiel wurden hier nicht nur gesucht, sondern meist auch gefunden. Die deutschen Kaiser kehrten daher von ihren Reichstagen zumeist über Altötting nach Wien zurück. Kurfürst Maximilian kam hierher, ebenso General Tilly und mit ihm die meisten Feldherren des Dreißigjährigen Krieges, um für ihre Sache den Beistand Mariens zu erbitten. Begeben auch wir uns in dieses Epizentrum und lassen wir seine Wirkung auf uns zu! Sie ist gewaltig.

Beginnen wir auf dem Kapellplatz, diesem weiten Platz der Begegnung und Konzentration. Lassen wir zunächst die erhabene Stiftspfarrkirche St. Philipp und Jakob auf uns wirken, die mit den weithin sichtbaren, spitz zulaufenden Doppeltürmen weit in den bayerischen Himmel hineinragt. Umkreisen wir die Kirche und nähern wir uns dem imposanten Bauwerk am besten von der ruhigen Südseite her, die dem alles dominierenden Kapellplatz abgewandt ist. Erst hier sind wir, fern vom Trubel des Hauptplatzes, »frei« für die Eindrücke, die hier unser harren. Die große gotische Hallenkirche, die letzte ihrer Art in Bayern, wurde bereits zehn Jahre nach Beginn der Wallfahrt notwendig, um die nicht versiegen wollenden Pilgerströme aufzunehmen. Sie gibt den mü-

den, aber glücklichen Wallfahrern einen Platz des Ankommens und der Andacht, direkt neben der kleinen Gnadenkapelle.
Betreten Sie über den beeindruckenden Kreuzgang das Hauptschiff des mächtigen Gotteshauses. Wunderbar filigran und geradezu schwerelos lastet das Dachgewölbe auf den Säulen. Die schlichte und in ihrer Form so ergreifende gotische Säulenallee überspannt uns wie ein Blätterdach, wie gewachsen und in natürlicher Harmonie. Wir spüren, dies ist ein Ort des Ankommens, des Rastens nach langer Pilgermühsal. Wunderbar hell und lichtdurchflutet umfängt uns diese Kirche. Die Mischung hierhergetragener menschlicher Sehnsüchte und Begierden, von Wollen, Wünschen, Sehnen, von Heiligkeit und Macht, Machtmissbrauch und ebenso Heilung und erlebtem Wunder – sie ist ergreifend. Doch in all dem friedlichen Licht erwartet uns auch ein Mahnmal an Kriegs- und Pestzeiten im 17. Jahrhundert, von denen auch Altötting nicht verschont blieb:
Der »Tod von Eding« – ein Meisterwerk früher Uhrmacher- und Mechanikerkunst. Neben dem Nordportal ist er auf einer Schrankuhr zu bewundern. Hoch oben, über ihrem Zifferblatt schwingt ein Knochengerippe, ein Gevatter Tod, der mit der feinen Uhrmechanik verbunden ist, mit geradezu provozierend gelassener Ganzkörper-Drehung unermüdlich die Sense. Ohne Hast, mit stoischer Ge-

lassenheit und Beständigkeit. Immer von links nach rechts. Unten auf dem dunkel gebeizten Holz der Uhr finden sich folgende Zeilen über das Sterben: »Ich weiß nicht wann und ich weiß nicht wo und ich weiß nicht wie ...« Dies mag so mancher Betrachter makaber finden, doch versinnbildlicht dieser Sensenmann nur das Unausweichliche in Gottes Schöpfung: Irdisches Leben vergeht. Wie wenig vermag dies den Gläubigen zu erschüttern, der seine Seele sicher beim Herrn weiß! Genießen Sie den Schauer und die Ruhe in der ausladenden gotischen Halle. Stille in solch einem Raum bedeutet Begegnung mit sich selbst, Erkenntnis und Erleuchtung.

Widmen wir uns nach dieser Einstimmung dem Herzen Altöttings, der Gnadenkapelle. Diese wundertätige, heiligende und heilende Kapelle, die dem Felsendom Jerusalems nachgebaut sein soll, hat es in jeder Weise »in sich«: klein an Gestalt, aber groß an Geschichte und Bedeutung. Das erste Wunder, das die Wallfahrt auslöste, wurde laut einer Ortschronik einem dreijährigen Knaben 1489 zuteil. Er fiel ins Wasser eines reißenden Bachs und konnte nach einer halben Stunde nur mehr tot aus den Fluten geborgen werden. Verzweifelt eilte seine Mutter mit ihm zur Kapelle in Altötting, legte ihr Kind auf den Altar, fiel auf die Knie und bat um sein Leben. Maria erhörte die untröstliche Mutter: Der Knabe wurde wieder lebendig. Dasselbe geschah kurz darauf bei einem

sechsjährigen Bauernjungen, der unter das Fuhrwerk seines Vaters geriet. Obwohl keine Hoffnung mehr für ihn bestand, ward er nach einem in Altötting geleisteten Gelübde am nächsten Tag wieder gesund. Heilungswunder! Sie sind die Meilensteine in der Geschichte dieses Wallfahrtsortes.
Betreten wir also den bedeckten Pilgerumgang mit den großen Mirakelbildern und dem Wald von mehr als zweitausend Votivtafeln, die von den Wundern berichten, die Maria hier gewährt hat. Wie eine schützende Rüstung umgeben sie das Innere des Oktogons, das Herz des Marienheiligtums.
Doch dunkel ist es in diesem Herzensgrund. Schwarz sind die starken Mauern aus Tuffquadern und schwarz ist das Gewölbe, das die Köpfe der Betenden wie ein Nachthimmel überspannt. Nur das Glänzen des Silbers und der Kerzen spendet Licht im Dunkel. Den Eintretenden empfängt sofort die übermächtig spürbare Aufladung des Raumes durch Gebete, sehnende Anliegen und Heilungswünsche von zahllosen Wallfahrern. Seit Jahrhunderten werden die hier so dringlich dargebrachten Herzenswünsche von der dunklen Kuppel wie von einem Resonanzkörper aufgefangen und verstärkt. Ein Ort von gebündelter Kraft in Glauben, Gebet und Gottvertrauen.
In diesem besinnlichen Dunkel erwartet uns, umgeben von Prunk und Glanz, die schwarze Madonna. Das frühgotische Gnadenbild aus Lindenholz, dun-

kel geworden durch den Kerzenschein ewiglicher Anbetung, wird im Zentralbau der Kapelle verehrt. Die gekrönte Muttergottes mit Kind strahlt eine besondere andächtige Ruhe aus. Fast archaisch und schlicht wirkt sie unter all dem Putz und dem barocken Gewand, mit dem sie geschmückt ist. In den Jahrhunderten ihrer Wallfahrtsgeschichte wurden über dieses Gnadenbild und ihre heilige Stätte Dankes- und Opfergaben geradezu aufgehäuft. Lassen Sie sich davon nicht blenden! Sehen Sie näher hin, fühlen Sie nach, was diesen heiligen Ort tatsächlich ausmacht. Nicht sein Prunk, seine Opfergeschenke oder Mirakelbilder, die seine Heil bringende Wirkung bezeugen – Sie brauchen keine Bezeugungen! Fühlen Sie es selbst. Nehmen Sie sich Zeit. Diese Madonna, sie ist keine bloße Sehenswürdigkeit. Sie ist vor allem würdig der Andacht, des Gebets, des Einhaltens. Hier können Sie in dunkler Herzensstube Antworten finden, Hilfe und Erhörung.
Eine Stelle aus Bachs Weihnachtsoratorium kommt mir in den Sinn: »Zwar ist solche Herzensstube wohl kein schöner Fürstensaal, sondern eine finstre Grube; doch, sobald Dein Gnadenstrahl in denselben nur wird blinken, wird es voller Sonnen dünken.« So ist es auch hier. Eine dunkle kleine Kapelle, in goldenes Licht getaucht. Doch der eigentliche Gnadenstrahl kommt von woanders her, von Gott. Versenken Sie sich ins Gebet, fühlen Sie es.

Nach dieser tiefen Andacht können Sie noch eine weitere »Herzensangelegenheit« in Altötting bestaunen: Die Herzgrabmäler der bayerischen Herrscher in ihren Silberurnen. Ein seltsamer und einzigartiger Brauch, dass die damals Mächtigsten im Lande von ihren sterblichen Überresten ausgerechnet ihr Herz an dieser Stelle aufbewahrt wissen wollten. Ein Zeichen dafür, dass dieser Wallfahrtsort Arme wie Reiche, Schwache wie Mächtige, Kranke wie Gesunde ruft und nicht mehr loslässt.

Besuchen Sie zum Schluss noch die St.-Konrad-Kirche, die dem heiligen Bruder Konrad von Parzham geweiht ist (vgl. Kapitel 3). Geradlinige franziskanische Schlichtheit umfängt uns in dieser Kirche, in der heute die meisten Pilgermessen abgehalten werden. Eine schmucklose Oase der Ruhe für Auge und Gemüt im Zeitalter der Reizüberflutung. Vorne birgt ein von einem Baldachin überspannter Grabaltar in einem gläsernen Sarkophag die silberne Figur des Heiligen. In der Mitte dieses Schreins sind die Reliquien aufbewahrt. Als läuternder Abschluss und für einen erfrischenden Reisesegen für die Heimfahrt ist ein Besuch des St.-Konrad-Brunnens in einer Nische an der Außenmauer der Kirche ein Muss.

Gebet: Herr, so wie die Menschen von überall her in diese Herzmitte des Glaubens strömen, so lass meine Gedanken

zu Dir fließen in Zeiten des Glücks sowie in Zeiten der Sorge. Lass mein Herz Dein Tempel sein, in dem mein Innerstes stets mit Dir im Einklang bleibt. Lass meinen Weg zu Dir nie weit und mühsam werden, sondern lass ihn von meinem Herzen, das glaubt, über meinen Mund, der bekennt, stets direkt zu Dir führen.
Amen

Gedanken: Wir befinden uns in einem Ballungszentrum religiösen Lebens. Hier ist der Pulsschlag der Volksfrömmigkeit unüberhörbar. Doch wollen wir nicht vergessen, was Jesus gesagt hat: »Wo zwei oder drei in meinem Namen versammelt sind, da bin ich mitten unter ihnen« (Mt 18,20). Auch wenn wir nicht hier sind, ist Gott uns nicht fern. Nehmen wir diesen besonderen Ort mit und tragen wir ihn in unserem Herzen. Tun wir auch zu Hause, was hier in Altötting seit Jahrhunderten geschieht: Versammeln wir uns im Namen Gottes.

Ausgangspunkt: Der großzügige, sternförmige Kapellplatz in Altötting, auf dem alle Pilgerpfade zusammenlaufen. Denken Sie an das bayerische Sprichwort: »Von jeder Haustür geht ein Weg nach Altötting.«

Einkehr: Der Kapellplatz ist von bodenständigen bayerischen Lokalen geradezu eingerahmt.

Anfahrt: Ab München Richtung Passau die B 12 bis Altötting.

7

Wallfahrtskapelle Streicherröhren

Ein Wunderquell schenkt Augenlicht – auch dem inneren Auge

Die heilende Quelle von Streicherröhren: ein besonderer Wallfahrtsort, tief verborgen im Bayerischen Wald. Seit Urzeiten erzählt man sich von seinen Heilkräften bei Augenleiden und anderen Krankheiten. Blinde Menschen, umgeben von ewiger Nacht, strömen hierher, voller Hoffnung und Gottvertrauen. Sie suchen Erlösung und Licht im immerwährenden Dunkel bei der Heiligen Jungfrau Maria, die hier eine wundertätige Quelle bewacht. Aber auch Kranke mit anderen Leiden sowie Gesunde finden den Weg nach Streicherröhren, auf der Suche nach Erleuchtung und Frieden. Denn nicht nur unser irdischer Körper kann an dieser Gnadenstätte Erquickung und Heilung erfahren. Auch unserem Geist, unserem inneren Auge kann hier ein Weg zum Licht gewiesen werden. Machen wir uns also auf den Weg zu diesem verwunschenen, tief im Wald liegenden Wunderquell mit seiner Kapelle und spüren wir die Heil- und Gnaden bringende Präsenz Mariens.

Fährt man im sagenumwobenen Bayerischen Wald von Cham aus nach Roding, so liegt inmitten des Flusstals des Regen idyllisch das Dorf Untertraubenbach. Der euphorisierte Pilger kann von hier aus das gesamte Chamer Becken überblicken, bis nach Waldmünchen und weit in Richtung Böhmen. Sanft, geradezu melodisch geschwungene Höhenrücken umgeben Sie hier, durchbrochen von Felsformationen und Taleinschnitten. Immer noch majestätisch und den Horizont dominierend, ragt aus diesen immergrünen Hügelkämmen die erhabene Burgruine Runding heraus. Halten Sie kurz inne, genießen Sie die Landschaft und nehmen Sie sie ganz in sich auf.
Folgen Sie der Beschilderung zur Wallfahrtskapelle immer weiter, bis Sie den Waldrand erreichen. Dort stoßen Sie auf einen alten Kreuzweg, der neben dem Leidensweg Christi mit seinen Stationen ein Geheimnis verspricht, denn er weist den Weg zu der Gnadenstätte, die sich hier im Wald zwischen Baum- und Felsriesen verbirgt.
Eine Realinszenierung der Schönheit des geschaffenen Seins! Mein erstes Ankommen an diesem heiligen Fleck – ein erstes Aufscheinen der kleinen und doch burggleichen Kapelle, nicht nur für das staunende Auge, sondern auch für das Herz – werde ich nie vergessen. Zwischen der Blätterkulisse des Laubwaldes scheint hier alles einer heiligen Inszenierung

zu folgen. Ein ursprünglicher Ort in Gottes Schöpfung, unberührt und abgelegen von alldem, was die Geschichte der Menschen umtreibt.
Die hier entspringende Marienquelle hilft und heilt schon lange. Will man die Geschichte der Wallfahrt an diesem Ort zurückverfolgen, so stößt man auf eine alte handgeschriebene Karte aus der Zeit um 1570, die sich im Bayerischen Hauptstaatsarchiv befindet. In diesem alten Dokument ist ein Bildstock auf der Wegstrecke zwischen Untertraubenbach und Roding eingezeichnet. Man nimmt an, dass dieser unscheinbare Ort der Andacht und Rast inmitten der wilden Natur der Anfang der Waldkapelle Streicherröhren gewesen ist.
Streicherröhren – ein Ort seelischer, aber auch körperlicher Heilung – ein Lebensborn. Wie so oft steht eine ergreifende Heilsgeschichte hinter der Wallfahrtshistorie. In diesem Fall ist es eine Legende, die bis ins Jahr 1661 zurückreicht. Damals lebte eine adelige Frau mit Namen Katharina in Hirschau, das damals noch zu Böhmen gehörte. Die Adelige hatte ihr Augenlicht verloren und kein Arzt konnte ihr helfen oder Linderung verschaffen. Ihr inneres Auge dagegen sah besser denn je und so durfte die blinde Frau sehen, was wenigen Sehenden vergönnt ist: Im Traum erschien ihr die Muttergottes.
Die Heilige Jungfrau hatte einen Auftrag für sie, eine Heilung bringende Botschaft: Sie wies die blinde

Katharina an, ein Marienbild malen zu lassen und dieses Gnadenbild an den kleinen Bildstock bei der Quelle Streicherröhren zu bringen. Genau zu dem Wunderort, an dem bis heute das heilige Wasser sprudelt. Die Adelige sollte dort ihre erblindeten Augen mit dem reinen Quellwasser waschen und das Augenlicht würde ihr wiedergegeben.

Katharina tat voller Vertrauen, was die Traumerscheinung sie geheißen. Sogleich ließ sie ein wertvolles Bild der Heiligen Jungfrau in leuchtenden Farben anfertigen, ging zur Quelle und betete zu Maria. Nach ihrer Andacht benetzte sie ihre Augen mit dem klaren Wasser und – Maria hielt Wort! Von diesem gottverheißenen Augenblick an konnte Katharina wieder sehen. Die Kunde solch einer spontanen Wunderheilung ging wie ein Lauffeuer durch die Lande und bald war Streicherröhren als Wallfahrtsort und Heilquelle überall bekannt. Zahlreiche weitere Wunderheilungen an diesem Ort wurden bezeugt und ziehen seitdem Kranke, Suchende und Gläubige an. Bis heute pilgern an Mariä Himmelfahrt Kirchengemeinden zu dem versteckten Gotteshaus im Wald und feiern dort die Messe Maria zu Ehren. Seit dem frühen 18. Jahrhundert steht hierfür eine kleine Waldkapelle auf jener verborgenen Lichtung.

Ein schlichter Bruchsteinbau, in dem das Gnadenbild hinter einem einfachen Eisengitter den Hilfesuchenden erwartet. In seiner rohen, unbehauenen und schnörkelfreien Erscheinung verschmilzt der archaisch anmutende Bau geradezu mit seiner Umgebung. Gehen Sie hin zu diesem verwunschenen Fleckchen und nehmen Sie die dort waltenden, Heil bringenden Kräfte in Ihre Seele auf.

Eine kurze, aber steile Freitreppe führt hinan zu einem kleinen Plateau, auf dem das Heiligtum steht. Wer wissen will, was mit der »Kraft eines Ortes« gemeint ist, muss hier einmal gestanden sein! Das kleine, so schlichte und doch ergreifende Kapellchen in seinem wäldlichen Versteck strahlt Ursprünglichkeit und Heiligkeit, ja geradezu Ehrfurcht aus – mehr als jeder erhabene Dom. Es ergreift einen tief im Gemüt. Unter dem Blätterdach im grünen Dämmerlicht fühlen wir ein Ankommen im Schoß von Mutter Erde, bei einem Gnadenquell der Muttergottes.

Den Näherkommenden lockt vor allem der Brunnen vor der Grotte. Aus dem gähnenden Dunkel des Kapellenportals leuchten uns, bereits von Weitem sichtbar, zahlreiche Lichter entgegen, die hier von Gläubigen zur ewigen Andacht aufgestellt werden. Auch innerhalb der Grotte fließt der Quell. Das Wasser schmeckt kühl, rein, erdig. Eine Rast für den müden Wanderer mit heilender Wirkung. Ein gutturaler Ton des beständig gurgelnden Wassers ist zu hören. Steter Urklang des Seins, des Lebens und der Schöpfung. Er bildet die nie verklingende Kulisse

der ewigen Andacht an dieser Stelle. Verweilen Sie hier in Betrachtung des wundervollen Marienbildes, schicken Sie im kühlen Dunkel der Felskapelle ein Dankgebet für Gottes Schöpfung an Maria und bringen Sie Ihre Fürbitten dar.
Doch bald wird es Sie wieder hinausziehen auf das Felsplateau. Kommen Sie hier zur Ruhe und denken Sie – nichts! Lauschen Sie nur auf das beständige Plätschern und die Geräusche des Waldes. Sie befinden sich im rauschenden, nie schlafenden Gotteshaus der Schöpfung, unter dem grünen Gewölbe des uralten Bayerischen Waldes. Sie spüren die Verbundenheit mit der Erde und gleichzeitig die Ausrichtung nach oben, gen Himmel, auf solch erhabenem Plateau. Die Kraft fließt, ja reißt mit nach oben. Beachten Sie den ungewöhnlich geraden und überdurchschnittlich hohen Wuchs der Bäume an dieser Stelle! Blicken Sie ganz bewusst um sich, nehmen Sie die Landschaft um sich wahr und Sie werden erkennen: Die Wallfahrtskapelle Streicherröhren ist Quell des Lebens und Himmelstor zugleich.

Gebet: Heilige Maria, Mutter Gottes,
Dir bringe ich mich ganz dar.
Meinen schwachen Leib, meinen geplagten Geist.
Heute und für immerdar will ich Dir weihen
meine Augen, um Deine Wunder zu sehen,
meine Ohren, um von Deinen Wundern zu hören,
meinen Mund, um Deine Wunder zu bezeugen,

mein Herz, um Deine Nähe zu spüren, mich selbst ganz und gar.
Heilige Mutter Gottes, weil ich also Dir gehöre,
bewahre und beschütze mich.
Amen
Gedanken: Wunder lassen sich niemals erzwingen, sie sind Gnadengabe. Die Erfahrung lehrt, dass sich an manchen heiligen Orten die Wunder häufen. Doch gehen wir nicht mit einer Erwartungshaltung an solche heiligen Stätten! Oft kommt das Heil auf verborgenen, unergründlichen Wegen. Manchmal ist die Auswirkung des Besuchs solcher besonderen Plätze erst Monate, wenn nicht gar Jahre später bemerkbar, durch einen Gedanken, ein Gebet, eine Erinnerung, die uns dort ereilt hat. Erleben Sie also diesen Besuch ganz bewusst. Schöpfen Sie das reine Quellwasser mit der hohlen Hand. Trinken Sie langsam und bedächtig. Halten Sie die zum Kelch geformten Hände dem Himmel entgegen und sagen Sie Dank für diese Gabe, die Ihnen hier zuteil wird.
Ausgangspunkt: Etwa in der Mitte des Kreuzweges, bereits mit Sicht auf den kleinen burgähnlichen Quelltempel im Wald.
Einkehr: Keine Einkehrmöglichkeit in unmittelbarer Nähe. Für die Rast empfiehlt es sich, eine Brotzeit mitbringen.
Anfahrt: München Autobahn A92 Landshut, Deggendorf. Bereits bei Landshut die Autobahn verlassen und die B20 immer nördlich über Straubing nach Cham. Von hier nach Untertraubenbach, bald kommt eine Ausschilderung Wallfahrtskapelle Streicherröhren.

8
Basilika St. Peter und Paul

Ein Weg der Legenden führt auf den Petersberg

Einer der interessantesten, hoch oben liegenden heiligen Orte in Bayern ist die Wallfahrtskirche St. Peter und Paul auf dem Petersberg bei Brannenburg. In kühner Höhe leuchtet die weiße Gottesburg auf ihrem Gipfel in der Sonne – ein weithin sichtbares Zeichen für den gelebten Glauben im Alpenland. Diesen heiligen Ort wollen wir uns zu Fuß ersteigen. Eine faszinierende Stunde mühsamen, aber auch im doppelten Sinn erhebenden Anstiegs erwarten uns. Der Weg soll heute unser Ziel sein.
Wir kommen über die Autobahn München-Salzburg bis zum Inntal-Dreieck nach Flintsbach: Die Peterskirche ist jetzt schon deutlich auf ihrer Anhöhe zu sehen, den Pilger schon von fern grüßend. Westlich der Burgruine Falkenstein dann beginnt der Petersberg, der an der Ruine vorbei und steil durch den Bergwald hindurch zum Gipfel führt. Ihm wollen wir folgen und dabei über die verschiedenen Sagen, die diesen Berg und seine Kirche umranken,

nachsinnen. Denn derer gibt es viele aus jenen längst vergangenen Zeiten, als der Petersberg noch »Kleiner Madron« hieß.

Eine Sage betrifft den Bau der Kirche selbst: Die kleine Basilika, die heute vom Petersberg in die Lande blickt, sollte nämlich ursprünglich auf dem sehr viel größeren Nachbarberg, dem Großen Madron, erbaut werden. Auf dessen hoch gelegenen Bergwiesen fühlten sich die Menschen seit Urzeiten ihren heidnischen Göttern besonders nahe und nutzten die Hänge des Großen »Maderan«, was im Althochdeutschen so viel bedeutete wie »Berg der Versammlung«, als Kultstätte. Als dann das Christentum im Alpenvorland Einzug hielt, waren sich die Bewohner einig: Auf diesem heiligen Berg, dem Großen Madron, soll ihre erste Kirche erbaut werden. Und so begannen die Arbeiter am Fuße des Großen Madron Bäume zu fällen für den Kirchenbau. Es dauerte jedoch nicht lange, da geschahen sonderbare Dinge. Einer der Holzknechte schlug sich mit der Axt versehentlich in die Hand, sodass sein Blut die abgefallenen Späne rot färbte. Am nächsten Morgen hackte sich der Nächste tief in den Fuß und abermals floss Blut auf die Holzspäne. Derlei Unfälle häuften sich und man begann zu munkeln, dass es nicht mit rechten Dinge zugehe. Man beschloss, die Arbeit einzustellen. Kaum hatte das Lärmen und Werken aufgehört, kamen vom Gipfel

Bergfalken angeflogen. Ohne Scheu landeten sie, nahmen die blutigen Späne in ihre Schnäbel und flogen davon. Zielstrebig und geschlossen flog die Vogelschar zum niedrigeren Nachbarberg, dem Kleinen Madron, hinüber und legte dort ihre blutige Last nieder. Daraufhin kamen die Falken zurück, um ihr Tun zu wiederholen, bis alle Späne fort waren. Da erkannten die Arbeiter, dass Gott seine Kirche nicht auf diesem heidnischen Berg haben wollte, und zogen hinüber zum heutigen Petersberg, wo sie unbehelligt ihr Werk vollendeten.
Eine interessante Sage! Tatsächlich haftet dem Großen Madron, in dessen Schatten wir den Anstieg bewältigen, etwas Unheimliches an. Einheimische haben mir verraten, dass dieser Berg als einziger Gipfel Bayerns kein Kreuz trägt, sondern ein heidnisches »Stoamandl«, ein kleines Männlein aus aufgetürmten Steinen. Solche markieren den gesamten Weg bis zum Gipfel, denn kein ausgewiesener Wanderweg führt auf diesen Berg hinauf, der bis heute von den Einheimischen gemieden wird.
Bei unserem weiteren Aufstieg kommen wir auf der Hälfte des Weges an einer Felsspalte vorbei, die durch den Berg hindurch bis zum Gipfel verläuft, das sogenannte Teufelsloch. Um diese Felsspalte ranken sich zwei unterschiedliche Sagen.
An dieser Stelle sollen sich der heilige Petrus, der den Berg besteigen wollte, und der Teufel begegnet sein.

Der Teufel, dem der plötzliche Einzug des Glaubens in dieses vormals heidnische Gebiet nicht gefiel, stellte sich ihm in den Weg und behauptete, dass der Berg ihm gehöre. Sie stritten darüber und einigten sich schließlich auf folgende Wette: Wer von beiden eher am Gipfel sei, dem sollten die gesamte Gegend und die Seelen der dort lebenden Menschen zufallen. Den direkten, geradlinigen Weg der Aufrechten gewohnt, ging Petrus also geduldig und beständig den normalen Weg gen Gipfel weiter. Der Teufel jedoch glaubte in seiner Verschlagenheit, gewinnen zu können, indem er sich einen direkten Weg durch den Fels nach oben bahnte und so den Anstieg verkürzte. Auf dem Ende dieses Teufelslochs stand jedoch die Peterskirche und der geweihte Boden der Kirche hinderte ihn daran, zum Gipfel zu gelangen. Somit hatte Petrus die Wette gewonnen.

Eine andere Legende wiederum besagt, dass an dieser Stelle ein Zweikampf zwischen Petrus und dem Teufel ausgefochten wurde. Der Teufel habe den Apostel den Berg hinabstürzen und seine Kirche einreißen wollen, um den Menschen zu zeigen, dass er der Stärkere sei und sie ihn anbeten sollten. Doch im Kampf machte Petrus in letzter Not ein Kreuzzeichen über dem Satan, was dessen Kräfte lähmte und ihn zurück in die Hölle hinabfahren ließ. Nur eine steile Felsrinne blieb zurück, um an diese Höllenfahrt und an den Sieg des Kirchenpatrons über den

Teufel zu erinnern. Petrus und seine Kirche waren gerettet.
Wir erkennen auf unserem beschwerlichen Weg voller anregender Geschichten, welche große Rolle bei diesem Heiligtum der Berg spielt, auf dem es errichtet wurde. An wenigen Orten ist die Landschaft so stark aufgeladen mit Sagen, Legenden und Geschichte wie inmitten dieser steil emporragenden Ausläufer der Alpen. Doch auch eine andere sehr weltliche, aber frohe Botschaft hat die Felsspalte für uns: Die Hälfte des Weges ist geschafft! Das letzte Drittel des Weges verkürzt uns sodann der »Stationsweg der heiligen Apostel«.
Dieser Apostelweg wurde 1978 vom damaligen Erzbischof Joseph Kardinal Ratzinger eingeweiht. Dreizehn Bronzereliefs stellen Christus und seine Apostel dar. Befestigt an Pfeilern aus Flintsbacher Nagelfluh, betonen sie den sakralen Charakter des Berges, der in sich ein Symbol der Wallfahrt zum heiligen Petrus, dem Fels der Kirche, ist. Endlich erreichen wir das Felsplateau, auf dem die erhabene, uralte Basilika über den unendlichen Weiten des Voralpenlandes thront.
Wie symbolträchtig unsere Kirche ist! »Du bist Petrus, der Fels, und auf diesen Felsen werde ich meine Kirche bauen und die Mächte der Unterwelt werden sie nicht überwältigen« (Mt 16,18). So sprach Jesus zu dem Patron dieser Kirche. Und genauso ist

es hier geschehen. Die dem heiligen Petrus (griech. *pétros* = Fels) geweihte Kirche wurde im doppelten Sinn auf Fels errichtet und die Mächte der Unterwelt konnten das Christentum in dieser Region nicht aufhalten.
Betrachten wir also die strahlend weiße Basilika aus der Nähe und rasten wir ein wenig ihr zu Füßen. Genießen wir den herrlichen Ausblick und bewundern wir diese beeindruckende Wallfahrtskirche. Aus Bruchsteinen errichtet und weiß verputzt präsentiert sie sich frei von jeglichem schmückenden Beiwerk.
Ein schlichtes, aber monumentales Zeugnis des Glaubens, geweiht dem »Menschenfischer« Petrus. Treten wir ein. Der Kirchenraum ist im sogenannten alpenländlichen Grundriss gebaut: drei Schiffe, kein Querhaus und kräftige Pfeiler, die über fünf Arkaden die Mittelschiffwände tragen. Trotz der vielen Fenster dringt nur spärliches Licht ins Kircheninnere. Der wuchtige, gedrungene Raum zeugt von dem hohen Alter dieses Gotteshauses, das im Jahre 1104 von Mönchen erbaut wurde. Heute zählt die Basilika zu den eindrucksvollsten Schöpfungen romanischer Baukunst auf altbayerischem Boden. Wie Konrad Krieger so treffend in seinem Buch über den Petersberg schreibt: "Es gibt gewiss großartigere, wuchtigere Zeugen aus Bayerns romanischer Zeit, aber nennt mir einen Bau, der so schlicht und bo-

denverbunden, so bedächtig und bescheiden, aber gerade wegen seiner Stille so beredt für das Bayern des beginnenden 12. Jahrhunderts spricht, wie die Kirche auf dem Petersberg.«

Bestaunen wir die wunderschönen Wandgemälde in der Mittelapsis: Christus als Weltenrichter, der auf einem Regenbogen – als Sinnbild für die Verbundenheit zwischen Gott und den Menschen – sitzt. Links und rechts von ihm sehen wir die Kirchenpatrone Petrus und Paulus, direkt darunter die Symbole der vier Evangelisten: Mensch, Löwe, Stier und Adler.

Wiederum darunter sind in einem Streifen die Martyrien des heiligen Petrus und des heiligen Paulus dargestellt. Das hat an dieser Stelle auch Sinn und Zweck. Vor fast tausend Jahren, als jene Gemälde entstanden, konnte kaum ein Gläubiger lesen. Daher sollte der Kirchenraum seinen Besuchern die Religion in Bildern erklären. Wunderbar einfach und ergreifend sind diese Figurendarstellungen. Sie erzählen die Geschichte des wahren Glaubens, eine Heilsgeschichte, so wie es die Landschaft getan hat auf unserem Aufstieg. Wir schöpfen Kraft im Gebet in diesem altehrwürdigen Gotteshaus und können nicht umhin festzustellen: Die Pilgermühsal hat sich gelohnt.

Gebet: Herr, lass mich nicht den beschwerlichen Weg zu Dir scheuen. Es sind viele kleine Schritte, die zum Gipfel führen. Gib mir die Kraft und die Ausdauer, in den Fußspuren Deines Dieners Petrus zu wandeln. Gib mir die Ausdauer und Standhaftigkeit, allen Versuchungen und Angriffen in meinem Glauben zu trotzen wie ein Fels. Doch lass mich gleichzeitig nachgiebig sein wie Wasser, um zu lieben und zu verzeihen. Amen

Gedanken: Der direkte Weg ist doch nicht immer der schnellste! Lieber in Gottvertrauen und Gelassenheit den beschwerlicheren Weg auf sich nehmen, er lohnt immer. Denn oft ist gerade der Weg das Ziel, auch wenn er nicht der direkte oder kürzeste ist.

Auch steckt viel Weisheit in dem volkstümlichen Sprichwort »Steter Tropfen höhlt den Stein«. Denn auch was weich und schwach wirkt wie Wasser, kann ganze Berge zum Einstürzen bringen. Jesus, der als Lamm Gottes Schmerz und Demütigung scheinbar wehrlos hinnahm, wusste genau, was er tat. Seine scheinbare Schwäche besaß die Stärke, die gesamte Menschheit zu erlösen.

Ausgangspunkt: Parkplatz am Fuße des Petersberges bei der Burgruine Falkenstein.

Einkehr: »Gasthof auf dem Petersberg«, direkt bei der Kirche.

Anfahrt: Von der Autobahnausfahrt der A 93 Brannenburg weiter in den Ort und an der Ampel links in Richtung Kiefersfelden/Kufstein bis nach Flintsbach und rechts abbiegen in den Astenweg. Großer Parkplatz nördlich der Ruine Falkenstein.

9
Wallfahrtskirche Weihenlinden

Wunderort an heilender Quelle

Kommt der fromme Pilger auf heiligen Wegen zum Wallfahrtsort Weihenlinden, nicht fern von Bad Aibling, so sieht er schon aus der Ferne die beiden mächtigen Zwiebeltürme der Wallfahrtskirche in den bayerischen Himmel hineinragen. Eine Allee uralter, majestätischer Linden beschattet seinen Weg zu diesem einzigartigen Wallfahrtsort. Eine verwunschen wirkende Baumreihe, die genau in das westliche Portal der Wallfahrtskirche mündet und den berühmten Jakobsweg kreuzt (s. Kapitel 1). So bleibt dieser heilige Ort, an dem Sage, Legende und Wundererzählung Wirklichkeit waren, sind und immer sein werden, seinem poetischen Namen treu: Weihenlinden.

Die Ursprünge des Gnadenortes Weihenlinden reichen zurück bis in vorchristliche Zeit, als sich an dieser Stelle – also auf einem Feld in der Nähe des Dorfes Högling – noch eine heidnische Opfer- und Gerichtsstätte befand. Besondere Energie des Ortes!

Sie wirkte seit Urzeiten und ist spürbar, auch wenn kein besonderes Bauwerk darauf hinweist. So auch hier. Zahlreiche Legenden umranken dieses Areal. Es soll die Grabstätte der Opfer großer Schlachten sein, darunter »drey grosse vornehme Männer«, die bei den Hunnenkriegen anno 635 ihr Leben verloren und unter den uralten Linden ihre letzte Ruhe fanden.

Eindeutig überliefert ist, dass diese Stelle schon seit jeher durch Zäune umfriedet war. Der hiesige Mesner pflegte den kleinen Garten, als wäre er ein Gottesacker. In ihm befanden sich eine gemauerte Martersäule sowie zwei große Linden, die dem heutigen Wallfahrtsort seinen Namen geben. Drang doch einmal jemand ein in den »Weichlindengarten«, geschahen wundersame Dinge. So wird berichtet, dass Weidevieh, das aufgrund der Nachlässigkeit des Mesners den Zaun durchbrach, um dort zu grasen, im gleichen Jahr noch an einer Seuche verendet ist und ein Unwetter den Ackerboden ringsum verwüstet habe. Seit jeher hat man deshalb diesen Hag für wundertätig und heilig gehalten.

Die Marienverehrung nahm hier schon vor dem Bau irgendwelcher Kirche ihren Anfang. Sie gründet wiederum auf einer Legende. Bauern hatten beim Schwingen großer Fahnen in einer Kirche versehentlich eine hölzerne Marienstatue von ihrem Podest zu Boden gestoßen. Die Figur überstand jedoch diesen

Sturz aus großer Höhe auf den harten Steinboden völlig unversehrt. Sie wurde als Zeugnis dieses Marienwunders von nun an auf der Martersäule im heiligen Hag verehrt und ist das Gnadenbild der heutigen Wallfahrtskirche.
Sehr schnell häuften sich die Berichte wundersamer Heilungen und Gebetserhörungen und als während des Dreißigjährigen Krieges die Schweden brandschatzend in Bayern einfielen und die Pest wütete, gelobte die Pfarrgemeinde Högling, Maria zu Ehren hier eine Kapelle zu errichten, wenn das Dorf verschont bliebe. Die Heilige Jungfrau erhörte die verzweifelten Dorfbewohner, der Schwarze Tod und die Schweden blieben aus.
Das Gelübde wurde erfüllt und zehn Jahre später wurde mit dem Bau begonnen. Die Wunder rissen indes nicht ab. Als die Arbeiter zu graben begannen, um Wasser für die Versorgung der Baustelle zu finden, fanden sie – nichts. Kein Tropfen. Nur der Schweiß, der ihnen von der Stirne rann. Doch plötzlich erschienen drei (!) Pilger auf dem weiten Feld und sprachen den verzagenden Arbeitern Mut zu. Drei geheimnisvolle Fremde, so wie vor langer Zeit dem uralten Stammvater Abraham mitten in der Wüste drei Fremde erschienen sind, die sich später als Engel herausgestellt und ihm und seiner alten Frau Sarah den ersehnten Nachwuchs prophezeit haben.

Auch hier überbrachten die drei Männer eine Prophezeiung: Sie verkündeten, dass man einen goldenen Ring finden würde, der den Weg zur Quelle weisen sollte. So geschah es. Man fand tatsächlich einen goldenen Ring und kurz darauf sprudelte hier ein munterer Springquell, der alsbald heilende Kräfte zeigte. Die Pilger indes waren vom Erdboden verschwunden und wurden nie wieder gesehen.
Binnen Kurzem sprach sich dieses Ereignis herum und man war überzeugt: Die drei Pilger waren Engel, gesandt von Gott. Drei Engel, ein Fingerzeig auf die Heilige Dreifaltigkeit, der zu Ehren die neue Kapelle sodann geweiht wurde. Die Kapelle wurde in jeder Hinsicht eine allumfassende Gnadenstätte: Errichtet auf urheiligem Grund, die Gottesmutter als Patronin und der Dreifaltigkeit geweiht, wurde sie außerdem – in Anlehnung an den wundertätigen, wegweisenden Ring – mit einem kreisrunden Grundriss erbaut. Die ringförmige Kapelle hütete von nun an die wundertätige Marienstatue und die heilige Quelle sprudelte daneben zur Stärkung und Heilung der von überall herströmenden Pilger. Die Gnadenstätte lag zudem noch auf dem jahrhundertealten Jakobsweg, der wie eine Kraftlinie des Glaubens ganz Europa durchzieht (s. Kapitel 1). Es will scheinen, als hätte Gott diesen Ort mit all seiner Gnade und seinem Heil geradezu überhäuft. Die Wirkung war sagenhaft. Hier geschah alsbald ein

Wunder nach dem anderen; der Ruf der heiligen Quelle verbreitete sich rasch bis in die Ferne.
Als der Pilgerstrom stetig wuchs und die kleine Kapelle dem Andrang kaum noch standhalten konnte, wurde nur zehn Jahre nach ihrer Errichtung der Grundstein für die Basilika gelegt, welche die vielen Wallfahrer aufnehmen und die Gnadenkapelle von nun an umgeben sollte. Über der Marienquelle, die seit über dreihundert Jahren den Menschen Heilung bringt, wurde an der Nordseite der Hauptkirche extra eine eigene Brunnenkapelle errichtet.
Ihre sagenhafte Wallfahrtsgeschichte wird von zwei das Heiligtum umgürtenden Mirakelgängen erzählt. Wie bei einer Spirale laden sie dazu ein, sich von außen nach innen zum Herz der Kirche vorzuarbeiten: der Gnadenkapelle. Hier wollen wir unseren Besuch beginnen. Vergegenwärtigen wir uns die vielen Wunder, die sich hier zugetragen haben, bevor wir eintreten. Geborgenheit umfängt uns unter dem Schrägdach des Mirakelgangs, der den Eindruck vermittelt, unter den Fittichen der Kirche Zuflucht gefunden zu haben. Derart eingestimmt und aufgehoben, begeben wir uns in deren Inneres.
Wuchtige, geradezu schwerfällige Pfeiler stützen das prächtige Langhaus der Basilika, die im üppigen Barockstil ausgestattet ist. Die Gnadenkapelle thront hinter dem Hochaltar am entgegengesetzten Ende des Kirchenschiffs. Beim Eintreten spüren wir so-

gleich die besondere Kraft dieses kreisförmigen Raumes – wir sind im innersten Zirkel angekommen. Das Symbol des Rings setzt sich immer weiter fort: Durch eine kreisförmige Öffnung in der Decke der Gnadenkapelle fällt unser Blick auf uralte, kreisförmige Fresken an der Decke der Basilika. Sechs Rundbilder, die ältesten noch erhaltenen der Kirche, die Wunder der Weltgeschichte darstellen, Wunder, zu denen Weihenlinden einige beitragen kann.

Werfen wir in diesem Strudel von Eindrücken von oben und von allen Seiten einen Blick auf das Gnadenbild der Maria. Maria, die Gottesmutter, die hier eine heilige Quelle bewacht, Maria, die schon im Alten Testament als »Brunnen lebendigen Wassers« (Hld 4,15) bezeichnet wird. Halten Sie ein in der Betrachtung und Anbetung, Sie stehen gleichermaßen im Zentrum des Rings, im Auge des Sturms der Hektik, der in der Welt des Alltags weht. Finden Sie Ruhe. Finden Sie Frieden.

Nach diesem wunderbaren, erhebenden Moment für Ihren Geist und Ihren Glauben besuchen Sie die Quelle und stärken Ihren irdischen Leib. Ein reinigendes, heilendes Erlebnis.

Es ist nicht das prächtige Gotteshaus, das die Heiligkeit dieses Ortes ausmacht. Denn dieser wirkte schon, bevor es stand, und wird noch wirken, wenn irgendwann nur noch Staub von ihm zurückgeblieben ist. Gehen Sie daher hinaus unter den weiten

Himmel und fühlen Sie die besondere Energie des Ortes. Wandern Sie ein wenig in stiller Andacht und werden Sie sich bewusst, dass dies ein von Gott ausgesuchter, von Ihm ausgezeichneter Ort ist. Er hat dieses Fleckchen Erde von Anfang an mit besonderem Schutz versehen. Kein Vieh sollte hier seine Notdurft verrichten, kein Pflug den Boden durchfurchen für das tägliche Brot. Hier harrte ein Glaubensquell des Heils, den der Herr, als die Zeit gekommen war, den Menschen offenbarte.

Gebet: Heilige Maria, gepriesen sei der Schöpfer, der Dich ins Dasein rief, denn ich habe bemerkt, liebe Mutter, dass es genügt, an Dich zu denken, um auszufüllen die Einsamkeit des Lebens, die Einsamkeit der Menschen. Mutter, ich will nichts für mich. Ich bin nur gekommen, um bei Dir zu verweilen.
Amen
(Gebet des brasilianischen Erzbischofs Helder Camara)
Gedanken: Genießen Sie das Gefühl, an einem Ort zu sein, an dem Sie genau richtig aufgehoben sind. Hier erleben Sie besonders intensive Gebete und eine beinahe erleuchtende Andacht. Nehmen Sie sich Zeit und betrachten Sie die wundervolle Landschaft, Gottes Schöpfung.
Ausgangspunkt: Parkplatz zwischen der Wallfahrtskirche Weihenlinden und dem Klosterbiergarten.
Einkehr: Es befinden sich legendäre Pilgerwirtschaften in Weihenlinden, Jakobsberg, Tuntenhausen usw. Vor allem die Brauerei in Maxlrain ist zu empfehlen!
Anfahrt: Ab München Autobahn A 8 Richtung Salzburg, Abfahrt Weyarn. Dann über Feldkirchen-Westerham nach Bruckmühl, westlich weiter nach Weihenlinden.

10

Kloster Weyarn

Ein Ort, an dem Zeit keine Rolle spielt

»Im Namen der heiligsten und persönlichen Dreifaltigkeit! Kund sei hiermit allen Gläubigen Christi, den gegenwärtigen sowohl wie den zukünftigen, was ich, Sigebotho, durch Gottes Gnaden Graf, zur Ehre des Herrn Jesus Christus und seiner heiligen Mutter zur Gründung eines Klosters zu Ehren der Apostelfürsten Petrus und Paulus hingegeben habe.«

So lautet der Anfang der Stiftungsurkunde von Kloster Weyarn, die im Jahre 1133 von Graf Siboto II. von Falkenstein verfasst wurde. Er schenkte damals seine Burg Wiare sowie die dazugehörigen Weingüter den Augustiner-Chorherren. Somit war die Gründung von Kloster Weyarn hoch über dem Tal der Mangfall vollbracht. Der damalige Weinkeller der Burg soll für den so archaisch klingenden Namen ausschlaggebend gewesen sein, lateinisch *cella vinaria*. Der davon abgeleitete Name »Weiern« taucht dann im Jahre 1273 das erste Mal auf.

Den »gegenwärtigen sowohl wie den zukünftigen« Gläubigen Christi lässt Siboto seine Kirchenstiftung verkünden und für die Nachwelt zu Papier bringen. Aus solch einer zeitübergreifenden Formulierung wird deutlich, dass der mittelalterliche Adlige weit über seine Zeit hinausdachte, dass er im Namen Gottes für die Zukunft, für noch Kommendes handelte. Dieser Boden sollte für die Ewigkeit dem Herrn und seinen beiden Führungsaposteln Peter und Paul geweiht sein. Vielleicht war er es immer schon? Ob die Kirchen und Klöster, die darauf errichtet würden, vergingen oder blieben: Ein heiliger Ort Gottes sollte Weyarn werden und bleiben, für immerdar.

Tatsächlich ergreift den Besucher Weyarns schon beim Ankommen auf dem Areal der Klosteranlage mit der imposanten Stiftskirche und dem heutigen Sitz des Deutschherren-Templerordens das seltsame Gefühl, aus der Zeit herauszutreten. Alles wirkt hier sonderbar zeitlos – und genau das ist es auch! Wir werden es noch sehen.

Lassen Sie sich als Ankommender zunächst bewusst von dem Platz vor der Kirche gefangen nehmen. Diesem so besonderen Ort, der sich um das heutige Kriegerdenkmal anzuordnen scheint, sind unzählige Energien einbeschrieben, die sich in überraschend harmonischer Weise ein Stelldichein geben. Im Norden die südliche Außenmauer der ehemaligen Stifts-

und heutigen Pfarrkirche St. Peter und Paul, im Westen die ehemaligen Klosteranlagen, heute der Sitz des Deutschen Ordens. Südlich begrenzen den heiligen Platz zwei besondere Kapellen, deren Namen schon verrät, dass die spirituelle Tradition an diesem Ort den Weg hierher allemal lohnt.
Da steht zum einen das älteste Gebäude Weyarns, die Kapelle St. Jakob, die im Mittelalter den Mönchen als Kapitelsaal gedient hat. Diese Jakobuskapelle wird bereits als Burgkapelle in der Stifterurkunde erwähnt und diente später als Grablege für Graf Siboto und seine Familie. Eine Besonderheit bietet das barocke Altarbild, denn es zeigt St. Jakobus als Pilger vor der »Maria auf der Säule«. Wir erkennen bei dieser innigen Darstellung, dass wir uns nicht nur an einem heiligen Ort befinden, sondern abermals in ein ganzes Netz solcher Kraftorte eingebunden sind: Wir befinden uns auf einer Station des Jakobswegs! Östlich der Jakobus-Kapelle steht die ehemalige Wallfahrtskapelle Maria Hilf, in deren Innerem eine seltsam keltisch anmutende Madonna mit langem blondem Zopf überrascht.
Blicken Sie vor dem Besuch der Pfarrkirche noch einmal nach links, also gen Westen, und lassen Sie das Professkreuz des Deutschen Ordens auf der Eingangspforte auf sich wirken. Einfach so. Starke Symbole wie dieses haben die faszinierende Eigenschaft zu wirken, weit in die Seele und ins Unterbe-

wusstsein hinein; auch wenn Sie den Grund hierfür nicht vollends ausloten können oder sich der Hintergründe nicht bewusst sind.

»Jeder Bruder bindet sich im Zeichen des Kreuzes für immer an den Orden. Das schwarze Kreuz auf weißem Grund ist für uns ein Symbol des Sieges Christi über die Mächte der Dunkelheit und des Todes ...« So verkünden es hier die mächtigen Mauern des Stiftes. Der altehrwürdige Ritterorden wurde im 12. Jahrhundert im Heiligen Land gegründet, um hilfsbedürftigen Menschen um Christi willen in selbstloser Liebe zu dienen. Nach dem Untergang der Templer ist er neben dem Johanniter- bzw. Malteserorden der letzte große Ritterorden aus der Zeit der Kreuzzüge, der noch besteht. Die Ordensmitglieder dienen auch heute noch ihren Mitmenschen und bieten ihnen Hilfe und Schutz, auch wenn die Tage der Kreuzzüge und Glaubenskriege gezählt sind. Denn so steht es auch im Ordensbuch: »Echte Ritterschaft kennt nicht nur die zeitgebundene Form des Schwertkampfes, die vergangen ist; vielmehr ist der Einsatz für Christi Reich, der Schutz der Wehrlosen, die Hilfe für die Misshandelten, Bedrängten, Verachteten und Notleidenden die eigentliche Haltung des ritterlichen Menschen.« Getreu dem Ordensmotto »Helfen und Heilen«. Treten wir nun nach dieser Einstimmung durch die Kirchenpforte.

Das Innere der Kirche St. Peter und Paul erfordert

Zeit. Zeit, Glauben, Geduld, religiöse Hingabe und sehr viel Aufmerksamkeit. Was hier am wahrhaft heiligen Ort den beeindruckten Besucher erwartet, geht weit über die Bewunderung und Ergriffenheit angesichts der Heiligenfiguren des weltberühmten Ignaz Günther hinaus. Der Aufbau und die Verortung der verschiedenen Heiligendarstellungen in dieser Kirche haben mich gleich nach meinem Eintreten erstaunt. Zumeist findet man das Weibliche und Mütterliche, also Mariendarstellungen und Verkündigungsgruppen, links in den Kirchenräumen – sitzen doch traditionell die Frauen links. In der Stiftskirche in Weyarn jedoch ist zweifelsohne die rechte Seite des Kirchenraumes mit weiblichen Figuren gesegnet. Hier begegnet dem Betrachter vorwiegend die heilige Muttergottes in verschiedenen biblischen Situationen – es lassen sich allein auf der rechten Seite ganze sechs Madonnen-Variationen zählen! Dazu kommt eine Spielart weiblicher Dreifaltigkeit in Gestalt der Anna Selbdritt: Sie zeigt Anna, die Mutter Mariens, mit der Heiligen Jungfrau Maria und dem Jesuskind. Der Figurentypus der Anna Selbdritt birgt eine reiche Symbolik in sich: Als reife Frau mit der jugendlichen Maria und dem Jesuskind verkörpert Anna den ewigen Kreislauf der Natur, der sich durch die Generationen hindurch immer wieder erneuert. Sie ist ein weibliches Sinnbild für den ewigen Kreislauf des Lebens.

Die drei Figuren umfassen in dieser zeitlosen (!) Darstellung den gesamten Lebenszyklus von Jugend über Reife bis hin zum Alter. Sie beinhalten das Gewesene, das Jetzige und das noch Kommende. Was wir schon zu Anfang gefühlt haben, verfestigt sich in Betrachtung dieser anachronistischen Figur: Zeit spielt hier keine Rolle! Wir sind wie entrückt in einem ewigen Kreislauf. Das Leben verläuft hier nicht entlang einem Zeitstrahl, sondern in einem ewigen Zeitkreis, einem Kreislauf von Geburt, Tod und Auferstehung.
Abgeschlossen wird die rechte Seite der Kirche dann mit der wunderbaren, aber Betroffenheit erzeugenden Pietà-Gruppe, ein weiteres Werk von Ignaz Günther. Auf Marias Schoß, die auf einem Felssockel sitzt, ruht der Leichnam Christi. Ohne Starre des Todes, sondern weich und eingeknickt in den Hüften liegt der geschundene Erlöser in den Armen seiner Mutter. Nur der Gedanke der Auferstehung vermag dem Betrachter bei der Darstellung dieser Schmerzensmutter Trost zu schenken. Denn sein Tod bedeutet Leben – Kreuzestod ist Auferstehung.
Widmen Sie sich unbedingt auch der Figur »Maria vom Siege«, ebenfalls von Ignaz Günther. Der Figurentypus mit der Gottesmutter als erhabene Siegerin auf blauer Weltenkugel wird auch Maria Immaculata genannt: Maria die Unbefleckte. Sie wird typischerweise als Himmelskönigin gezeigt, die mit ei-

nem Fuß auf dem Kopf einer Schlange, dem biblischen Symbol für die Sünde, steht und diese sinnbildlich besiegt. Die Schlange wiederum windet sich um eine Weltkugel – Maria als Siegerin über die gesamte weltliche Sünde. Die Gottesmutter hält hier noch das Jesuskind im Arm, das mit einer Lanze die Schlange zu Füßen seiner Mutter ersticht. In dieser Darstellung fällt auf, dass der Erlöser bereits als Kind das Kreuz trägt, das den oberen Teil der Stange bildet, mit der er den Drachen sticht. Auch hier wieder ein Anachronismus, der auf den ewigen Kreislauf von Geschichte und Verheißung, Vergangenem und Kommendem verweist.

Nach so viel biblischem Ernst wollen wir uns der elegantesten und im Wortsinne geistreichsten Figurengruppe des Künstlers zuwenden, der Verkündigungsgruppe im linken vorderen Teil der Kirche, am Beginn des Altarraumes. Maria, in einer unbeschreiblich anmutigen und hingabevollen Haltung, empfängt, halb kniend, halb stehend, den Englischen Gruß. Dieser Gruß hat nicht etwa etwas mit der englischen Sprache zu tun, sondern leitet sich vom Wort »Engel« ab. Der Englische Gruß ist seit dem Mittelalter die Bezeichnung für die Grußworte des Erzengels Gabriel, der der schwangeren Jungfrau Maria verkündet, dass sie den Messias gebären werde: »Sei gegrüßt, Du Begnadete, der Herr ist mit Dir.« Daraus entstand auch das bekannte lateini-

sche Gebet, das wir in vielen Messen vertont hören dürfen: »Ave Maria«.
Der Engel bildet mit ihr ein energetisches Ganzes. Beide beschreiben in einer korrespondierenden, geradezu tänzerischen Körperhaltung eine deutliche linksdrehende Spirale, die sich nach oben, gen Himmel schraubt. Dort oben schwebt strahlend der herniederkommende Heilige Geist. Das Werk macht betroffen und glücklich. Beschreibende Worte versagen, denn der Leben spendende Auftrag des Engelsboten und das Empfangen dieser Gnade durch Maria ist wohl nie treffender von einem Künstler in Szene gesetzt worden.

Gebet: Barmherziger Gott, Du bist ein Gott der Lebenden und nicht der Toten. Du hast den Tod überwunden und allen Deinen Menschenkindern Unsterblichkeit geschenkt.
Lass mich das klare Licht deiner Wirklichkeit schauen und in mir tragen. Erwecke in mir deine grenzenlose Barmherzigkeit und deine selbstlose Liebe in einem Zeitalter sozialer Kälte, wo jeder nur auf den größten Vorteil während seines kurzen Erdenlebens aus ist.
Befreie mich mit Deinem Segen aus alten Denkmustern und Sichtweisen zu einem neuen Leben.
Amen
Gedanken: Wie oft sind wir verhaftet in unserem irdischen Dasein, in unseren Sorgen des Alltags. Es gilt stets, das meiste herauszuholen, denn das Leben ist kurz, wie es so schön heißt. Doch ist es das wirklich? Geht es wirklich darum? Als Christ kann und muss es doch letztlich nur um das ewige

Leben gehen, um den Zeitpunkt, an dem der ewige Zeitkreislauf zu Ende geht, nichtig wird. Unser kurzes Leben ist nicht wichtig, wir werden zu Staub. Unsere guten Taten aus Nächstenliebe jedoch, sie wirken weiter, bis über unseren Tod hinaus.

Ausgangspunkt: Kriegerdenkmal auf dem weiten Platz vor der Stiftskirche Peter und Paul.

Einkehr: Gaststätte Alter Wirt am Ortsschild von Thalham.

Anfahrt: Autobahn München-Salzburg A 8, gleich nach der Mangfallbrücke die Abfahrt Weyarn nehmen. Gut ausgeschildert.

11

Der Mariendom zu Freising

Im Herzen des Dombergs siegt das Licht über das Dunkel

Schon von Weitem ist die wuchtig-gedrungene und strahlend weiß getünchte Doppelturmfassade des Freisinger Doms St. Maria und St. Korbinian zu erblicken. Weit übers Land kann der Pilger vom Domberg aus sehen, ein wahrlich erhebender Ausblick. In diesem berühmten Dom – hier wirkte Papst Benedikt XVI. lange Zeit – werden sowohl Marienverehrung als auch Jungcorbinian-Wallfahrt gepflegt, wobei die Gottesmutter wie so oft in Bayern den Vortritt hat. Davon kündet auch der inoffizielle, geläufige Name dieser Kathedrale: Mariendom. Wir befinden uns also wieder an einem heiligen Ort, der der Heiligen Jungfrau Maria, dem Weiblichen und Mütterlichen gewidmet ist.

Schon lange leben Menschen auf dieser geschichtsträchtigen Anhöhe. Bei Ausgrabungen auf dem Domberg 1976 fanden sich gar Spuren, die bis in die Jungsteinzeit (4500 v. Chr.) zurückreichen. Christliches Leben und Wirken hielt dann knapp fünftausend Jahre später Einzug: 715 n. Chr. stand auf diesem Sakralberg die erste Marienkirche des Bistums, die kurz darauf Bischofskirche werden sollte. Sie gehörte zu der damaligen Burg der bajuwarischen Agilolfinger, die an dieser Stelle eine Stadt gegründet hatten. Eine Stadt, die heute noch genauso besteht wie vor über tausend Jahren. Freising ist die älteste Stadt Oberbayerns.

Diese Stadt sollte nach dem Bestreben von Herzog Theodo II. ein Bistum werden und er hatte als Bischof auch schon einen bestimmten Mann auserkoren: den heiligen Korbinian, damals noch ein Wanderprediger. Als erster Bischof Freisings wird St. Korbinian bis heute als Gründungsheiliger und als Patron Freisings sowie des gesamten Bistums Freising-München verehrt.

Der heilige Korbinian und der Bär! Seine abenteuerliche Heiligenlegende ist so untrennbar mit Freising verbunden, dass die Stadt in ihrem Wappen noch heute einen Bären trägt. Wollen wir uns diese Sage kurz ins Gedächtnis rufen, sie uns bildlich vorstellen: Korbinian war vor seiner Berufung zum Bischof als Wanderprediger in Bayern, der Schweiz und Norditalien unterwegs. Der Papst hatte ihm, der immer nur ein Einsiedlerleben führen wollte, den Hirtenstab verliehen, das Symbol des Predigers in päpstlicher Mission. Es galt, die Bayern und die Alpenbewohner mit ihrer heidnischen Naturfrömmigkeit

mit dem christlichen Glauben bekannt zu machen, sie zu bekehren.
Auf einer Reise nach Rom legte sich Korbinian mit seinen Begleitern in den Bergen zur Nachtruhe nieder. Als alle schliefen, schlich sich ein Bär heran und riss das Pferd, welches die Lasten der Reisegruppe trug. Bei Tagesanbruch erwachten die Reisenden und sahen den Bären, der immer noch an seiner Beute zerrte. Korbinian ermutigte darauf seinen treuen Gefolgsmann Anseric, den Bären mit der Peitsche zu bestrafen, ihm einen Sattel aufzulegen und ihn mit den Lasten des toten Pferdes zu beladen. Der Diener zögerte nicht und schlug das Tier mit der Peitsche. Anschließend nahm er das Gepäck und lud es ihm auf. Und siehe da! Der Bär folgte ihnen willig, bis sie Rom erreichten. Korbinian hatte ihn gezähmt.
Die Geschichte dieses Bärenwunders ging wie ein Lauffeuer durch die Lande und so wurde der bepackte Bär alsbald zum Symbol des Heiligen – und fand seinen Weg in das Wappen der Stadt Freising sowie sogar in das aktuelle Papstwappen von Benedikt XVI.
Vielleicht führt uns der Weg vom Archetypus des »gezähmten wilden Tieres« direkt zur Bestiensäule tief unten in der Krypta des Domes? Denn dort findet sich auch der Schrein des heiligen Korbinian. Lassen Sie uns dorthin gehen, Schritt für Schritt.
Auf dem Scheitel des Dombergs fühlen und erfahren

wir sofort, was ein heiliger Ort wirklich bedeutet! Hier waltet starke spirituelle Energie, wir stehen auf der Schnitt- und Verbindungsstelle mehrerer hochwirksamer Kraftlinien, zwischen verschiedenen christlichen Gnadenstätten. Vor allem die Korrespondenz des Domberges mit dem Weihenstephaner »Brauereiberg« im Südwesten ist nicht zu übersehen. Wir fühlen uns eingebunden in ein flächendeckendes Netz heiliger Orte. Finden Sie südlich von dem viereckigen Domplatz aus eine wunderbare Stelle der Kontemplation und Andacht, ein kastanienbewachtes, angehobenes Viereckspateau. Genießen Sie den fantastischen Ausblick weit übers Land und danken Sie Gott für seine Schöpfung.
Dann wenden Sie sich wieder dem Dom zu. Die typische Doppelturmfassade überzeugt vor allem durch ihre Wucht und Gestandenheit, denn sie ist auch bei gnädiger Betrachtungsweise nicht wirklich schön – aber mächtig! Beeindruckend: Es drückt sich etwas ein in das religiöse Empfinden und hinterlässt für immer seine Spur in der Seele des gläubigen Pilgers. Hier auf dem Domberg und in dessen Strahlkraft geht es um jahrhundertealte Macht – Macht der Kirche, Macht des Glaubens.
Das Außenportal des Doms mit seiner Nischenfigur des heiligen Korbinian fällt einem bereits aus der Ferne ins Auge. Die prachtvolle Salzburger Steinmetzarbeit aus rotem Adneter Marmor sticht gera-

dezu aus der weißen glatten Fassade hervor. Treten Sie hindurch. Eine gotische dreiteilige Vorhalle erwartet Sie hier. Dieser Vorraum des Domes ist noch überraschend erhebend, Sie empfinden eine seltsame Leichtigkeit. Unter dem spätgotischen Netzgewölbe des Mittelschiffes von 1483 steht das mächtige romanische Hauptportal des Vorgängerbaus, das auf dem Domberg errichtet wurde, als 1159 das alte Marienkirchlein den Flammen zum Opfer fiel. Dieser romanische Ursprungsbau wurde über die Jahrhunderte bis zur Unkenntlichkeit umgestaltet, mal gotisch, mal barock und dann prunkvoller Rokoko, wie er uns heute im Mariendom begegnen wird. Bis auf zwei Relikte der romanischen, alten Kirche: die Krypta und ebendieses Portal.
Auf dem Hauptportal sind Steinplastiken zu bewundern. Links ist Friedrich I. Barbarossa, Kaiser des Heiligen Römischen Reiches, zusammen mit dem Freisinger Bischof und Geschichtsschreiber Otto von Freising und rechts Friedrichs Ehefrau Beatrix von Burgund zu sehen. Kaiser Barbarossa war auch der Schirmherr des Wiederaufbaus nach dem Brand von 1159. Unterhalb der Darstellung von Beatrix ist eine Kröte zu sehen. Ein Fruchtbarkeitssymbol, das für reichen Kindersegen sorgen sollte. Abermals zeigt sich – das Weibliche.
Dieses hochromanische Portal geleitet Sie nun in das überaus reich geschmückte Hauptschiff des Domes

hinab. Hinab! Der Dom ist »tiefergelegt«. Erst drei Stufen, dann noch mal sieben. Nach dem dritten Säulenpaar finden Sie ein Deckenfresko, das den bekannten Drachen-Stich zeigt. Der Drache steht symbolisch oft für die Erde und Erdenergien. Hier ist so eine Stelle, an der es »zieht« – nach unten, zur Erde hin. Fühlen Sie es. Spüren Sie die Schwere an Ihren Gliedmaßen.
Dann aber, auf den Altar zu, reißt alles nach oben, himmelwärts! Der gesamte, für Besucher abgesperrte Altar- und Bühnenbereich ist dreizehn Stufen erhöht. Das Auf und Ab dieser sehr gewollten und bewussten Plateau-Architektur hat einen tieferen Sinn. Denken Sie immer daran: In Kirchen wird wenig dem Zufall überlassen! Ihr Unterbewusstsein und Ihr Gemüt werden hier im Wechselspiel und im Spannungsfeld zwischen Entrückung und Erdung gehalten, der Geist strebt nach oben und wird gleichzeitig nach unten gezogen. Es wird uns sogar noch weiter nach unten ziehen, nämlich hinab in die Krypta unterhalb des Chorraumes.
Bewundern wir jedoch davor noch das packende Hochaltarbild von Peter Paul Rubens – ein gewaltiger Sturm von Farbe und Bewegung. In der Mitte sieht man das »apokalyptische Weib« Maria, die seelenruhig den wilden Kampf des Erzengels Michael mit dem Teufel in der schwarzen Unheilswolke geschehen lässt. Nur ihr Kleid flattert ein wenig.

Mit dem zartesten Druck ihres Fußes hält sie das Böse, die Sünde in Gestalt einer Schlange, in Schach. Die rechte Seite des Bildes ist hell erleuchtet. Hier jubeln die Engel ihrer Himmelskönigin, der unbefleckten Maria, zu. In ihren Armen trägt sie ihr Kind, den Erlöser der Welt, den sie dem himmlischen Vater entgegenträgt. Ein aufregendes, einweihendes Bild, bei dem die Rubens'sche Lichtregie für Bedrückung, Entrückung und Erlösung sorgt. Am unteren rechten Bildrand ist übrigens der Freisinger Domberg zu sehen.
Nach diesem Zeugnis des Sieges von Gut über Böse, des Lichts über das Dunkel, sind wir bereit für den Höhepunkt unseres Besuches, der tatsächlich, räumlich gesehen, den Tiefpunkt des Gotteshauses darstellt: Die Freisinger Krypta mit dem Korbinianschrein und der uralten, archaischen Bestiensäule, direkt unter dem Altarraum.
Ein Ort der Wandlung. Hier geht keiner so hinaus, wie er hinabgestiegen ist! Auch die architektonischen Eigenheiten verraten den Seelensinn: Der Raum ist vier Meter hoch und dabei rund zwei Meter eingetieft. Sie stehen zwischen drei Reihen von je acht Säulen. Vier Schiffe mit neun Jochen halten die Balance der Kräfte aufrecht in einem durchkreuzenden Tonnengewölbe. In dessen Mitte steht sie, die berühmte Bestiensäule. Diese seltene romanische Säulenform ist übersät mit neben- und überein-

anderliegenden Figurendarstellungen und galt schon zu ihrer Entstehungszeit als sehr kostbar, als höchste bildhauerische Perfektion. Sie zeigt den gnadenlosen Kampf zwischen Gut und Böse in äußerst plastischer Darstellung: Auf drei Seiten der Säule liefern sich Männer in Ritterrüstung einen Kampf mit Drachen und Schlangen auf Leben und Tod – so wie Maria oben auf dem Altarbild. Nur ungleich brachialer und grausamer geht es hier zu: Einmal ersticht ein Ritter einen Drachen, ein andermal hat eine der Bestien einen Menschen zur Hälfte verschlungen – nur der Oberkörper ist noch zu sehen.
An der Ostseite der Freisinger Bestiensäule jedoch zeigt sich die Gestalt einer schönen Frau, die unbehelligt von den Bestien das Licht der aufgehenden Sonne aus dem Osten erwartet. Vertrauensvoll und ruhig wartet sie auf das Licht, das Jesus Christus als Erlöser bringt.
Gehen Sie in sich an diesem besonderen Ort! Sie befinden sich genau unter dem Altarraum. Der Bestiensäule im Südwesten steht der goldene Korbinianschrein mit den Gebeinen des mutigen Heiligen direkt schräg gegenüber. Stellen Sie sich auf die gedachte Diagonale zwischen Bestiensäule und Korbinianschrein. Suchen Sie auf dieser Kraftlinie Ihren Platz tief im Herzen dieses uralten Dombergs mit seinen in die Höhe strebenden Türmen und seiner im Boden des Sakralhügels verwurzelten Krypta.

Gebet: Jesus Christus, Heiland, Heilender – Du hast uns gelehrt zu beten: »Vater, Dein Wille geschehe.«
Gib uns die Kraft, den Willen Gottes anzunehmen, wenn es nicht nach unseren Vorstellungen geht. Gib uns Hoffnung, dass wir im Leiden nicht verzweifeln. Gib uns Vertrauen, auf das Licht der Erlösung voll Zuversicht zu hoffen.
Halte Zweifel und Anfechtung von uns fern und gib uns innere Stärke, Ruhe und Gelassenheit, sodass wir, wie Maria gen Osten blickend, zuversichtlich auf Dein erlösendes Licht vertrauen.
Amen

Gedanken: Beobachten Sie die seltsame Unruhe sämtlicher Besucher in der Krypta, diese auffällige Orientierungslosigkeit. Sie scheinen das Spannungsfeld zu spüren, jenes Wechselspiel zwischen Gut und Böse, zwischen Erde und Himmel, unten und oben. Wie oft spüren wir im Alltag ähnliche Kräfte, die von allen Seiten an uns zuckeln und zerren? Doch dann blicken Sie auf die Figur der Maria auf der Bestiensäule. Prägen Sie sich diese Körperhaltung, diesen Ausdruck ein und nehmen Sie ihn mit in Ihrem Herzen. Es wird der Moment kommen, da wird so eine reine Zuversicht Ihnen die Richtung weisen.

Ausgangspunkt: Parkplatz auf dem Domberg.

Einkehr: Altstadt (Fußgängerzone) von Freising. Ein Lokal nach dem anderen.

Anfahrt: Autobahn A 9 München-Nürnberg, Abfahrt Freising. Innenstadt und Domberg sind bestens ausgeschildert.

12

Klosterkirche St. Quirin am Tegernsee

Wo sich sichtbare und unsichtbare Welt überschneiden

»Löß ab die Schuech von deinen Füessen; dan das Orth, in welchem du stehest, ist ein heiliges Land!« Dies sagte ein Pater Petrus Solus selig im Jahre 1746 in seiner Festpredigt zur Tausendjahrfeier des Benediktinerklosters Tegernsee. Und tatsächlich ist dies ein heiliger Ort am Ufer des großen bayerischen Sees, ein Ort und ein Gotteshaus, um das sich zahlreiche Sagen ranken.

Der gelb gestrichene Gebäudekomplex ist unübersehbar für jeden, der nach Tegernsee kommt: Majestätisch thront das Kloster an einer der schönsten Uferstellen des Tegernsees, ein Monument gelebten Glaubens in malerischer Alpenlandschaft. Was wir heute sehen, ist indes nur das, was von den Bauten der ehemaligen Benediktinerabtei noch übrig ist, des einst vielleicht bedeutendsten Klosters im alten Bayern.

Im Jahre 746 wurde das Kloster gegründet und seitdem weiß die Tegernseer Geschichte von zahlreichen

Wirrnissen, Bränden, Einstürzen, Umbauten und Neukonzeptionen zu berichten. Ein Teil des ursprünglichen Klosters wurde 1817 zum Schloss umgebaut und diente König Max I. und seiner Gemahlin als Sommerresidenz. Es ist auch heute noch im Besitz der Wittelsbacher. Außerdem befindet sich heute ein Gymnasium in dem altehrwürdigen Gemäuer. Lediglich die Klosterbrauerei ist in ihrer alten Form erhalten geblieben. Bevor jedoch die Umwälzungen der Säkularisation in Tegernsee Einzug hielten, wurde hier von zahlreichen Wundern berichtet, die diese Uferstelle und das dortige Kloster als heilige Gnadenstätte auswiesen.

So sollen im Gründungsjahr des Klosters die beiden Klosterstifter, die adeligen Brüder Adalbert und Otkar, die dem Rittertum abschworen, um ein Benediktinerkloster zu gründen, nach Rom aufgebrochen sein, »um die Stätten der Heiligen zu besuchen und mit Gottes Hilfe von dort einige Heiligenreliquien mitzubringen«. So geschah es dann auch. Es scheint, als hätte der Herr die ehemaligen Ritter, die sich nun ganz dem Dienst Gottes verschrieben hatten, nicht ohne Grund gerade jetzt nach Rom reisen lassen. Sie kamen wie gerufen, denn der Papst befand sich zu dieser Zeit in arger Bedrängnis durch heidnische Seeräuber, die Rom belagerten. Um den Heiligen Vater zu beschützen, griffen daher die beiden Gottesmänner ein letztes Mal zur Waffe. Als

Lohn für ihre Hilfe überließ ihnen der Papst die Reliquien des heiligen Märtyrers Quirinus für ihr Kloster in Bayern. Im Bannkreis dieser Reliquien ereigneten sich alsbald zahlreiche Wunder:
Die Legende besagt, dass Boten, die den Reliquienschatz nach Tegernsee holen sollten, aus Neugier versucht haben, das versiegelte Reliquienbehältnis zu öffnen. Als sie sich jedoch an dem Schrein zu schaffen machten, »brach sofort, als sie die Bedeckung anzuheben versuchten, die Majestät Gottes in Gestalt flammenden Feuers hervor und alle, die dabeistanden, wurden wie von einem Blitzstrahl getötet«. Da wurde offensichtlich, dass der Heilige über den Tod hinaus wundertätig wirkte. Als man auf der Rückreise noch einmal zwischen Gmund und Tegernsee rastete, geschah ein weiteres Wunder: Man hatte den Reliquienschrein nur kurz abgesetzt und plötzlich "floss dort, wo die Trage mit dem heiligen Leib gestanden war, eine lichte Quelle hervor. Sie war angenehm im Geschmack und heilsam bei Berührung und viele Heilungen wurden dort durch die Kraft des Herrn gewirkt.« Ein Lebensborn! Man sah dies als gottgesandtes Zeichen und errichtete über dem heilsamen Quell die Klosterkirche, die man dem wundertätigen Heiligen weihte. In der Mitte der Klosterkirche St. Quirin befindet sich daher bis heute ein Ziehbrunnen. Nach Fertigstellung der Kirche sollten die Reliquien dort ihre letzte Ruhe

finden und feierlich beigesetzt werden. Doch da ereignete sich ein weiteres Wunder um den heiligen Quirin: »Als er in die Grabstätte gelegt werden sollte, fiel durch die Umhüllung ein Teil seines Leibes in die Hände des Priesters, der so blutig war, als ob der Heilige an diesem Tag erst entleibt worden wäre.« Ein Glasgefäß mit diesem Blut befindet sich noch immer im Tegernseer Kirchenschatz. Quirinus wurde seitdem als Hauptpatron von Kloster Tegernsee verehrt.

Doch auch andere, weniger bekannte Wunder sollen sich in dieser heiligen Gottesburg am Rand des Wassers zugetragen haben! Eine selten zu hörende und schwer zu findende Legende berichtet, dass hier im Kloster vor langer Zeit ein Abt Heinrich lebte. Dem war die seltene Gabe des zweiten Gesichts gegeben. Das bedeutet, dass dieser Mann Gottes hellsichtig war: Er hatte Visionen. Am Vortag des Festes von Mariä Verkündigung fehlte Heinrich plötzlich in den Reihen seiner Mitbrüder. Er erschien weder zum Mittagessen noch zum Abendessen im Refektorium. Das beunruhigte die anderen Mönche. Was war geschehen? Der älteste Pater ging hin zur Zelle des Abtes, um nach dem Rechten zu sehen. Er klopfte laut an Heinrichs Tür, klopfte ein-, zwei-, dreimal – nichts. Da fasste er sich ein Herz, riss mit einem Ruck die Tür auf und trat entschlossen in den Raum. Was er sah, ließ ihm den Atem stocken. Der Abt

kniete in gänzlich entrücktem Zustand am Boden, den Arm weit von sich gen Himmel gestreckt. In dem sonst dunklen Zimmer sah man aus der Höhlung seiner zusammengeballten Hand als einzige Lichtquelle einen rötlichen Schein flackern. Der kam von einer heruntergebrannten Kerze, die der Abt in der Hand hielt und die sich förmlich in die Höhlung seiner Hand hineingebrannt hatte. Den Abt störte das indes nicht, er spürte von allen Erscheinungen der materiellen Welt und seines irdischen Körpers nichts mehr. Wie viel Zeit musste vergangen sein, seit der Abt diese Kerze angezündet hatte! Der alte Pater berührte ihn wie eine Erscheinung. Dann rüttelte er ihn wach. Der sah ihn verwundert an und wandte ein, dass er die lange Kerze doch eben erst angezündet habe. Vor Stunden war dies geschehen! Durch geistige Versenkung im Gebet und durch Gottes Zutun war der hellsichtige Abt aus Raum und Zeit herausgetreten. Weder körperliches Ungemach noch das zur Pflicht rufende Glockengeläut hatten ihn aus seiner Andacht reißen können, denn er hatte in seiner Entrückung das Jenseits schauen dürfen. Der zurückgekehrte Abt erzählte von den Herrlichkeiten des Himmels, die er gesehen, von nie gekanntem Licht und unbeschreiblichem Wohlergehen.
Er hatte gesehen, was andere nicht sehen, selten auch nur ahnen konnten – die Wirklichkeit jenseits unserer Wirklichkeit. Doch die Welt, die er sah, war

und ist realer als die Welt des Truges und schönen Scheins, die wir »sehen« und dann in unserer irdischen, materialistischen und rationalen Sicht-Weise für die wirkliche Welt halten.

Besuchen wir also dieses weithin bekannte, wunderschön gelegene Kloster. Der dortige heilige Ort ist ein Erlebnis! Machen Sie sich auf den Weg, hin zum östlichen Ufer des vielleicht malerischsten Sees in Oberbayern. Für den Besuch am heiligen Ort empfiehlt sich ein Wochentag, denn an Sonn- und Feiertagen ist der Platz wegen zahlloser Besucher heillos überlaufen. Genießen Sie die weihevolle Kraft der Gnadenstätte vor dem Portal der Kirche St. Quirin, mit ihrer mächtigen, gedrungenen Doppelturmfassade, die als Wahrzeichen Tegernsees in den Himmel ragt.

Die auf einem romanischen Unterbau entstandene dreischiffige Basilika der Gotik wurde im 17. Jahrhundert von Antonio Riva barockisiert. Später hat dann Leo von Klenze im Auftrag von König Maximilian I. Joseph den Umbau der Kirche mitgestaltet, welcher der Fassade 1824 eine klassizistische Gestalt gab. Lassen Sie das Portal auf sich wirken, registrieren Sie mit großer Bewusstheit die zwei Säulen, die sich über der Pforte als spitz zulaufende Pyramiden wiederholen. Ein Tempel. Ein sehr mächtiger Tempel sogar. Die Kirche hat trotz der Beliebtheit bei Ausflüglern nichts mit bayerischer Folklore oder dieser eigenartig verharmlosenden Volkstümelei der Andenkengeschäfte zu tun. Hier herrscht und waltet Macht. Religiöse, spirituelle Macht, deren wahre Reichweite und Alter man erst beim genauen Hinsehen wahrnimmt, wenn man die Atmosphäre des Ortes bewusst aufnimmt.

Treten wir ein.

Die romanische Basilika wirkt überraschend düster und schwermütig. Bei schlechtem Wetter verstärkt sich diese Schwere noch, trotz der frischen und wohlgewählten Farben der restaurierten Deckenfresken.

Die Kirche St. Quirin ist kunstgeschichtlich so vielseitig wie die bewegte Geschichte des Klosters. Die Historie an diesem Ort hat ihre Spuren an dem Gebäude hinterlassen in Form von verschiedensten Kunstrichtungen und Epochen: romanisch, gotisch und barock. Zu ihrem tausendjährigen Bestehen wurden dem heiligen Quirin und Benedikt zu Ehren sogar noch zwei Rokoko-Kapellen angebaut.

Lassen Sie vor allem die prächtigen Fresken auf sich wirken, die Hans Georg Asam, der Vater der berühmten Gebrüder Asam, in sechs Jahren Arbeit erschaffen hat. Wie in einem Bilderrahmen ist es vom ansonsten völlig in weiß gehaltenen Deckengewölbe umgeben.

Die Fresken der Vorhalle zeigen Martyrium und Verklärung des Kirchenpatrons Quirinus sowie sei-

ne Hauptwunder. Das Rundkuppelgemälde der Vierung im Hauptschiff und die Fresken in den Seitenschiffen zeigen das Leben Christi. Beginnend über der Orgelempore: Christi Geburt, Epiphanie, den zwölfjährigen Jesus im Tempel, die Taufe Jesu und seine Verklärung. In den Seitenschiffen (beginnend hinten links und dann immer zwischen den beiden Schiffen hin- und herspringend) zeigen die Deckenbilder Stationen der Passion Christi. Verfolgen Sie diesen Lebens- und Leidensweg entlang den Bildern, vollziehen Sie die Geschichte nach, die Ihnen diese Kirche darbietet wie ein offenes Buch.
Zuletzt betrachten Sie die erhebende Darstellung der Auferstehung und Himmelfahrt Jesu im hohen Querschiff und enden im kreisförmigen Zentrum des geweihten Raums: die große Kuppel mit dem Bild der himmlischen Vollendung. Unter diesem gemalten Himmelszelt, in dem ganze Heerscharen von Heiligen um die göttliche Dreifaltigkeit versammelt sind, kann der Gläubige hier eine »Aussicht« genießen auf die verheißene Vollendung auch seines Lebens.

Gebet: Allmächtiger Vater, ich danke Dir für Deine Schöpfung, für die Welt, in der ich leben darf. Du hast den Himmel und die Erde geschaffen, die sichtbare und die unsichtbare Welt. Lehre mich, sie mit dem Herzen zu sehen und nicht nur meinen Augen zu trauen. Lass mich die Zeichen Deines Wirkens auf Erden immerdar erkennen, die heiligen Orte, ihre

Namen, ihre Geschichten. Denn Du hast sie deshalb geschaffen, damit wir dort hingehen und sehen, was wirklich war, ist und immer sein wird.

Amen

Gedanken: Wir glauben, dass dort, wo wir nichts sehen und beweisen können, auch nichts sei. Aber es gibt noch sehr viel mehr in Gottes Schöpfung als unser sichtbares, irdisches Dasein. Genau das ist hier spürbar. Uralte Geheimnisse der Schöpfung, die schon immer Geltung hatten, ob wir sie nun erkennen oder nicht. Wer Sagen nach diesem Gesichtspunkt neu sieht, dem wird klar, dass diese immer auch Überschneidungen unserer Vorstellung von Wirklichkeit mit der tatsächlichen Wirklichkeit darstellen. Deshalb müssen wir an solchen heiligen Orten genau hinschauen, in uns hineinhören, Unerwartetes zulassen. Die Welt neu sehen!

Ausgangspunkt: Parkplatz direkt vor der Klosterkirche und dem Bräustüberl.

Einkehr: Wer könnte nun etwas anderes empfehlen als das legendäre Bräustüberl Tegernsee?

Anfahrt: Ab München Autobahn Salzburg A 8, Abfahrt Holzkirchen, Tegernsee. Gleich nach der Ortsmitte von Tegernsee kommt rechts der Parkplatz. Die Doppelturmkirche ist deutlich sichtbar.

13

Kloster Dietramszell und Maria Elend

Wo Leid sich in Freude verkehrt

Ein Kloster, tief verborgen in Moor und Wald, das nur durch schmale und sich durch bewaldetes Gebiet windende Straßen zu erreichen ist. Aussichtsreiche Höhenrücken wechseln sich hier ab mit romantisch-verschwiegenen Tälern. Mitten in so einem Tal überrascht den suchenden Pilger das imposante weiße Kloster Dietramszell. An dieser besonderen Stelle des bayerischen Voralpenlandes, zwischen Bad Tölz und Holzkirchen, hat um das Jahr 1100 Abt Udalschalk von Kloster Tegernsee das Augustinerstift gegründet, das zunächst die Bezeichnung "Cella beati Martini" führte. Das Kloster bildet bis heute den Kern der Dörfer und Einöden, die sich in der Moränenlandschaft ringsum verstecken. Schon früh strebte das junge Kloster nach Unabhängigkeit von seinem mächtigen Gründerstift am Tegernsee. Diese wurde ihnen 1170 von Papst Alexander III. auch gewährt, der das Kloster zur »Cella de Dieterammi«, nach dem Gründungspropst Dietram,

umbenannte. Die »Zelle« des Dietram also: Dietramszell.
Betreten wir die Stiftskirche, die mit ihren Fresken von Johann Baptist Zimmermann ein Juwel unter den bayerischen Kirchen ist. Gleich beim Eintreten in den weit greifenden Sakralraum fällt zur Linken auf halber Höhe die dominante Figur des Dietram auf. Mit einem Stab und einer Miniatur des Klosters in der Hand steht die Figur über einem Schrein mit seinen Gebeinen und erinnert den Ankommenden an den Gründungspropst des Klosters. Die Fresken im Chorraum stellen dann noch mal die Gründungsgeschichte des Klosters dar.
Das »Theatrum Sacrum« des Hauptaltares, spielt sich in interessanter Weise an Wänden, Seitenaltären und ebenso lebendig an der Decke ab. Da begegnen einem beim Rundgang – wie so oft in bayerischen Kirchen – der heilige Georg, der den Drachen sticht, zahlreiche Putten, die heilige Cäcilia und weitere Heilige. Über dem Altarhaus die wahrhaft künstlerische Darstellung der Dreifaltigkeit. Dem aufmerksamen Kirchenbesucher fällt bald eine Besonderheit an der linken Kirchenseite ins Auge. Dort befinden sich Tafeln, die an Gebotstafeln erinnern, allerdings bloß mit den Ziffern I bis IV: nur vier Gebote? Der kundige Pfarrer, der mich bei meinem Besuch durch die Kirche führte, klärte mich schließlich auf, dass hier die vier Evangelisten gemeint sind. Markus,

Matthäus, Lukas und Johannes. In der Mittelachse des Langhauses sind diese zudem als szenische Fresken dargestellt.
Gehen wir nach vorn zum Hochaltar. Der füllt mit seinem wuchtigen, erhabenen und kulissenartigen Aufbau den gesamten Chorabschluss aus. Gezeigt wird die wunderbare Szene der glorreichen Aufnahme Mariens in den Himmel zum dreifaltigen Gott. Das gesamte erhebende Szenario setzt sich an der Decke fort. Hier ist, als Steigerung, die Krönung Mariens gestaltet. Maria als Himmelskönigin! Bemerkenswert bleibt bei all den Mariendarstellungen im vorderen und wichtigsten Teil der Kirche, dass alles nach oben weist, steil himmelwärts.
Eine aufregende Entdeckung hat sich mein kluger Führer mit Bedacht bis zum Schluss aufgehoben: die drei heiligen Jungfrauen. Da ist der Katharinenaltar in Dietramszell, ein Werk aus dem Jahre 1772. Er findet sich ebenfalls rechts hinten, also an der Südseite. »Margaretha mit dem Wurm, Barbara mit dem Turm, Katharina mit dem Radl – des san die drei heiligen Madl!« Erinnern Sie sich (s. Kapitel 1)? Die heilige Odilie, Anna oder Elisabeth komplettieren bisweilen das Trio. Heilige Überraschung! Urplötzlich stehen die drei heiligen Frauen hier in Dietramszell in Lebensgröße vor Ihnen. Links finden Sie Margarethe mit dem Wurm, dem Drachen, den sie gebändigt an einer Kette bei sich führt. In der Mitte

steht Katharina mit dem zerbrochenen Rad, rechts Barbara mit den beiden ihr zugeordneten Insignien Turm und Kelch. Vieldeutig weist der Priester mich darauf hin: Dieser Altar befindet sich direkt gegenüber dem Eingang zum heutigen Nonnenkloster!

Durch den Besuch der Klosterkirche Mariä Himmelfahrt in Dietramszell sind wir seelisch eingestimmt auf heiligendes Erleben, auf Ruhe und Einkehr. Wir fühlen ein Sehnen nach vertiefender Stille. Wo? Die Stille finden wir gleich hier, in uns selbst. Und an einem anderen, noch stilleren Ort: der Wallfahrtskirche Maria Elend ganz in der Nähe.

Kirchenbesuche sollten immerzu mit Bewegung verbunden sein. Bewegung zum Gotteshaus hin oder meditierende, kontemplative Bewegung hinterher – in der näheren Umgebung des heiligen Ortes. Was ist denn die altbewährte Pilger-Idee anderes als Bewegung? Strebendes Wandern von oder zu heiligen Orten, wohlwissend, dass das gesamte Leben Bewegung ist. Ein »Beten mit den Beinen«! Wir sind alle unterwegs, begegnen einander, kehren um, treffen auf Hindernisse, werden aufgehalten, werden geführt, manchmal aber auch verführt und – wenn alles gut geht – werden wir wieder »auf den Weg« gebracht.

Und die Umkehr! Was wäre eine Religion mit der Idee von Sünde und Vergebung ohne den Weg-Begriff der Umkehr? Doch wer irgendwo umkehren will, der muss erst einmal dahin kommen, wo eine Umkehr angebracht ist, um zu erkennen: Ich bin hier richtig oder falsch. Wer sich nicht bewegt, der lebt nicht.

Was wäre ein Weg ohne Ziel? Oft kann der Weg selbst das Ziel sein. Sie sehen schon, allein das Nachdenken darüber, das lesende Zulassen von Bewegung, es setzt einen sprudelnden Gedankenfluss frei. Bewegung eben, Bewegung im Geiste. Solche Gedanken sind immerzu positiv und nicht selten von Gott eingegeben.

Hier in Dietramszell können wir nun beides verbinden, die Andacht und das Verweilen, ebenso wie Unterwegssein, Ankommen und auch Rasten. Ankommen, aber wo? In der traumhaft schön und malerisch gelegenen Wallfahrtskapelle Maria Elend im nahen Wald, auf einer Anhöhe, die körperlich ebenso erhebt, wie sie geistig-seelisch trägt. Wie geschaffen für eine erquickende, die Sinne erhebende, kurze Pilgerschaft gen Süden. Denn die kleine Pilgerstätte verbirgt sich südlich der Ortschaft Dietramszell im Wald. Sie müssen nur dem ausgeschilderten Kiesweg folgen. Bald kommt eine kleine Lichtung und der Kiesweg geleitet von nun an stetig bergauf. Scheuen Sie nicht die kurze Mühsal, Sie werden tausendfach entlohnt werden! Nach einiger Zeit taucht der idyllisch gelegene Sakralbau im Wald auf. Hell leuchtet das Kirchlein aus der Umgebung

der Bäume heraus. Ein achteckiges Kapellchen mit seitlich angebautem Turm im Osten, dort, wo auch der Waldweg vorbeiführt. Dieser Turm, der das steile Zeltdach des Oktogon-Hauptbaus kaum überragt, dient zugleich als Durchgang und Vorhalle für den eintretenden Pilger. Die Waldkapelle ist im Inneren – wie so viele Wallfahrtsorte – geschmückt mit Votivtafeln und Kerzen, die von Marias Erbarmen mit den Bitten der seit vierhundert Jahren hierherströmenden Pilger zeugen.
Der Volksmund weiß folgende Legende über die Entstehung dieser Kapelle zu erzählen:
Zu Kriegszeiten flüchtete ein Mann vor feindlichen Reitern. Im Wald bei Dietramszell rief er in letzter Verzweiflung zum Himmel »O Elend!«. Da sank er in den Boden ein und war gerettet. Zum Dank baute er an den Platz die Kapelle. Noch heute tritt man in die Erdgrube hinter dem Altar oder berührt mit dem lahmen Fuß oder mit der kranken Hand den Boden, das hilft gegen Rücken- und Fußleiden sowie Kopfschmerzen. Man darf gemäß der Sage in der Grube drei Wünsche tun. Denn an genau dieser Stelle sollen die beiden Statuen, die heut auf dem Altar stehen, Unser Herr im Kerker und die schmerzhafte Mutter, ausgegraben worden sein.
Das Patrozinium dieses Wallfahrtsortes ist dem Gedächtnis der Sieben Schmerzen Mariens gewidmet, derer im katholischen liturgischen Kalender mit dem

Fest Dolores immer am 15. September gedacht wird. Die Sieben Schmerzen werden mit verschiedenen Lebensstationen Marias verbunden: die Weissagung Simeons, die Flucht nach Ägypten, die Entfremdung Jesu, das Leid Jesu, der Tod Jesu, die Abnahme vom Kreuz und die Grablegung. Biblische Grundlage und erste Schmerzensstation ist die Prophezeiung Simeons an Maria bei der Darstellung Jesu im Tempel: »Dir selbst aber wird ein Schwert durch die Seele dringen« (Lk 2,35). Deshalb wird die Mater Dolorosa oftmals mit einem oder sieben Schwertern dargestellt, die ihr die Brust durchbohren. Die Schmerzen der Maria liegen aber nicht nur in der Trauer um das Leid und Sterben Christi, so wie es häufig in den Pietà-Statuen dargestellt wird. Die Schmerzen Mariens umfassen auch die Entfremdung von ihrem eigenen, ihr oft unbegreiflichen Sohn. Mit zwölf Jahren trennt er sich bereits in Jerusalem von seinen Eltern, um im Tempel, dem »Haus seines Vaters«, zu bleiben. Als Maria mit mehrerenFamilienangehörigen nach ihm fragt, während er dort öffentlich lehrt und heilt, verleugnet er ihre Verwandtschaft. Seine wahren Verwandten seien nur »die, die das Wort Gottes hören und danach handeln« (Lk 8,21). Trotz dieser Entfremdung und Verleugnungen ließ sich Maria nicht abschrecken, sondern blieb voll Gottvertrauen immer bei ihrem Gelöbnis: »Ich bin die Magd des Herrn; mir geschehe, wie er es sagt«

(Lk 1,38), und predigte in diesem Sinne auch den anderen: »Was er euch sagt, das tut« (Joh 2,5). Wahrhaft ein heiliger Platz hier! Viele Stunden saß ich selig auf einer Bank nordwestlich der Kirche und hatte, Gotteshaus und Wald im Blick, wunderbare und schöpferische Gedanken. Dies ist kein Ort der Schmerzen und des Elends, wie man nach dem Klang des Namens vermuten mag. Vielmehr ein Ort des Insichkehrens, des Sichhineinversetzens in Menschen wie die Jungfrau Maria, die Dinge erlebt hat, die so viel größer waren als sie, als ihre Erkenntnis und ihr Verständnis. Alles Leid um sich und ihren Sohn hat sie im Vertrauen auf Gott ertragen können, denn der Herr gab ihr die Kraft für ihre Aufgabe auf Erden. Ein schöner Gedanke: Gott bürdet uns niemals mehr auf, als wir tragen können. Mag es auch oftmals zu viel und sinnlos erscheinen, wir müssen auf Gott vertrauen und manchmal auch Schmerzen annehmen. Denn oft, so wie bei Maria, führt der steinige Weg zu unendlichem Heil.

Gebet: Lieber Gott, lass mich auch in Zeiten der Zweifel und des Leids nicht verzweifeln.
Wir sind Deine Kinder und wer wüsste besser als Du, wo unsere Stärken liegen? Und letztlich liegen sie doch immer nur bei Dir.
Lass mich das erkennen und auf Dich vertrauen.
Amen
Gedanken: Gott bürdet uns nie mehr auf, als wir tragen kön-

nen. Es mögen uns wie Maria »Schwerter durch die Seele fahren« oder uns das Herz zerreißen – Gott wird uns tragen, wie in der wunderschönen Anekdote »Fußspuren im Sand«: Eines Nachts träumte ein Mann, er liefe mit Gott am Strand entlang. Im Nachthimmel zeigten sich Szenen seines Lebens und für jeden dieser Momente sah er zwei Paar Fußspuren im Sand: ein Paar von ihm und eines von Gott, der ihn begleitete in jeder Sekunde seines Lebens. Doch bald bemerkte er, dass an den traurigsten und schwersten Tiefpunkten seines Lebens nur ein Paar Fußspuren erschien.

Das ärgerte ihn und er fragte Gott: »Du hast gesagt, wenn ich Dir folge, wärst Du immer bei mir. Warum ist dann nur eine Fußspur zu sehen in den schwersten Zeiten meines Lebens, als ich Dich am meisten gebraucht hätte? Warum hast Du mich gerade dann verlassen?«

Gott antwortete: »Mein liebes, liebes Kind, ich liebe Dich und würde Dich nie verlassen. Während dieser Zeiten der Prüfung und des Leids in deinem Leben, ist nur eine Fußspur zu sehen, weil ich Dich getragen habe.«

Ausgangspunkt: Parkplatz direkt an der Hauptpforte von Mariä Himmelfahrt.

Einkehr: Klosterschänke von Dietramszell.

Anfahrt: Autobahn A95 München-Garmisch, Abfahrt Seeshaupt. Dann immer ostwärts (Richtung Bad Tölz) über Beuerberg, Königsdorf, Osterhofen bis Dietramszell.

Oder: gleiche Autobahn A95, Abfahrt Münsing/Wolfratshausen, dann über Geretsried bis Dietramszell.

14

Kloster Benediktbeuern

Uralte Lebensweisheit entdecken

Ein Monument des Glaubens, das sich im flachen Voralpenland strahlend weiß gegen den bayerischen Himmel und die mächtigen Gebirgszüge im Hintergrund abhebt. Wie zum Triumph des Christentums weisen die beiden Zwiebeltürme in den Himmel: Das Kloster Benediktbeuern, eines der größten und ältesten Klöster Bayerns. Bekannt für seine Carmina Burana und seit über tausend Jahre aufgesucht von Wallfahrern, die dem heiligen Benedikt Verehrung zuteil werden lassen wollen, die Erleuchtung und Rat suchen.

Der Weg hin zum Kloster ist bereits eine Einstimmung und sicherlich nicht zufällig so gestaltet: Um das Klosterareal herum liegt braches Land, grüne Wiesen und Felder. Eine Allee, gesäumt von mächtigen Bäumen, empfängt den Gläubigen und lässt das Ankommen an diesem Ort zu einer Art feierlichen Prozession, zu einer Einweihung werden. Was wir sehen dürfen, darüber geruhte bereits 1786 Goethe lobend einen Satz der dankbaren Nachwelt zu überlassen: »Benediktbeuren liegt köstlich und überrascht bei seinem Anblick.«

Wir beginnen unseren spirituellen Erkundungsgang am Parkplatz gegenüber der Klostergärtnerei. Ein guter Anfang. Hier wächst und gedeiht alles im Namen des Glaubens. Klostergärten haben immer wieder diese so eigene verzaubernde Anziehungskraft. Zu dem unbenennbaren Zauber des Wachsens, der jeder Gärtnerei innewohnt, kommt hier der Hauch eines Geheimnisses: ein Geheimnis der Hingabe, der Pflege und des Lebens selbst. Eine gespannte Erwartungshaltung umfängt uns! Die Abstrahlung der Klosteranlagen von Benediktbeuern ist so groß, dass sie auch hier draußen spürbar wirkt und uns schon von Weitem ergriffen hat.

Links lässt sich ein lockender Arkadengang bewundern und lädt hier schon zum längeren Verweilen ein. Das ist typisch für die gesamte Anlage: Überall dort, wo man steht, da möchte man verweilen. Und gleichzeitig gedeiht der Wunsch, alles zu sehen, nichts zu versäumen.

Über eine kleine Brücke gelangen wir zum zentralen Punkt der weiten, von barocken Klostergebäuden gefassten Freifläche, des sogenannten Arkadenhofes. Dort, im Mittelpunkt eines lange schon bestehenden und architektonisch mit Bedacht erhöhten Kraftortes, erquickt ein seit Jahrhunderten spru-

delnder Springbrunnen mit drei Wassersäulen Augen, Ohren und Seele. Die Rosenrabatten ringsum vermitteln den Eindruck von tiefgründiger, Geheimnis verheißender Schönheit geistigen Seins. Und überall Geborgenheit. Geborgenheit in Gott. Seit über tausend Jahren schon ist dieser Ort Gott und dem gelebten Glauben gewidmet. Über die Entstehung dieser Gnadenstätte weiß eine um das Jahr 1150 im Kloster Benediktbeuern verfasste lateinische Aufzeichnung zu berichten:
Im Jahre 740, als der heilige Bonifatius im Land der Franken und Friesen, in Ostfranken und Bayern die Saat des christlichen Glaubens säte und überall in diesen Gauen christliche Kirchen erstanden, wurde auch der Ort, wo heute das Kloster Benediktbeuern sich erhebt, aus einer weglosen Wildnis durch göttliche Fügung und Hilfe zu einer Wohnstätte der Menschen gewandelt. Die Stifter dieses Ortes waren die drei Brüder und Huosi-Grafen Lantfried, Waldram und Elilant. Die einflussreichen und mächtigen Adeligen waren sehr fromm. Sie verkehrten regelmäßig mit dem heiligen Bonifaz, der ihnen ein väterlicher Freund war, und hörten seine Predigten. Um ihrem religiösen Vater ihre Freundschaft durch Taten zu beweisen, entschlossen sie sich, ihr altes Leben mit allem Reichtum aufzugeben und dem gekreuzigten Heiland in Demut und Bescheidenheit zu folgen.

An den Ufern der Loisach besaßen sie Höfe, Felder und Wiesen und im benachbarten Antdorf herrliche Häuser. Diese wollten sie Gott weihen und dort am Kalomonbach ein Gotteshaus errichten. Der Allmächtige aber hatte sich diesen Ort nicht auserwählt und tat es durch Zeichen kund: Die Holzknechte, die für den Bau der Kirche Bäume fällten, verletzten sich immer wieder bei ihrer Arbeit, sodass alsbald das Holz von ihren Wunden ganz blutig wurde. Da kamen Tauben angeflogen und trugen die blutigen Scheite fort. Sie flogen zu der Stelle, wo heute die Basilika St. Benedikt steht, und legten die Scheite dort zu kleinen Kreuzen zusammen. Verwundert folgten die edlen Herren mit ihren Knechten den Vögeln und wurden Zeuge ihres wundersamen Tuns. Sie erkannten es als ein Zeichen Gottes und errichteten nun dort die Kirche samt Kloster, das sie mit großen Schätzen ausstatteten und das schnell zu einem der wichtigsten Klöster im Alpenvorland wurde.

Einige Jahre später überbrachte Karl der Große dem Kloster zudem die Reliquie vom rechten Arm des heiligen Benedikt von Nursia. Daraufhin wurde das bisher als »Buron« bekannte Kloster in »Benedicto-Burum« umbenannt, das heutige Benediktbeuern. Von diesem Namenspatron kündet auch das Eingangsportal der Kirche, die uns nun zu unserer Rechten erwartet: Templum Benedicto dedicatum –

geweiht dem heiligen Benedikt. Diesem großen Glaubensmann, der mit den magischen drei Worten *ora et labora* mehr Kluges gesagt hat als sämtliche Wirtschaftsseminare, Karriereratgeber und Lebenshilfebücher zusammen. Eine so schlichte wie ergreifende Lebensweisheit, die in den 1500 Jahren nichts an Aktualität eingebüßt hat. Bete und arbeite. Vergiss nie den Herrgott – aber tu etwas! Hilf dir selbst und anderen, dann hilft dir Gott. Aktiv sein ist ein Teil der Spiritualität.
Erleben wir also die Basilika St. Benedikt. Das Kirchenschiff mit seiner Höhe von 18 Metern und seinen 26 Metern Breite vermittelt ein imposantes Raumerlebnis, das den Eintretenden sofort in seinen Bann zieht. Alles wirkt hell, luftig und geradezu puristisch in diesem Gottesraum mit seinen klaren Linien. Gleichzeitig ist die Stuckausstattung von barocker Üppigkeit und herrliche Gewölbebilder von Hans Georg Asam zeigen die frühesten Fresken altbayerischer Barockkunst. Nun ließe sich für Kunstgeschichtler über die Innenausstattung der Kirche ein ganzes Buch schreiben. Im Laufe der 1250jährigen Geschichte des Klosters hat eigentlich jedes Jahrhundert und jede Epoche hier ihre Spuren hinterlassen. Wer dieses Kloster besucht, erhält einen Eindruck vom künstlerischen und spirituellen Reichtum vergangener Zeiten. Bleiben wir jedoch bei der seelischen Gesamtwirkung, denn die ist an

diesem Ort gewaltig. Alles reißt mit, reißt nach oben. Eine Himmelsleiter, ein Thronsaal Gottes, eine der schönsten (wenn nicht die schönste) Barockkirche in Oberbayern!
Die Wandpfeiler lassen den Blick nach vorne gleiten, der illusionistische Bilderzyklus von Hans Georg Asam verwirrt Sinn, Auge und Empfindung. Auch das Altarblatt reißt thematisch himmelwärts... Dort oben, über dem Altar, prangt dann die große Uhr. Nichts an diesem Kirchenraum ist so optisch hinführend, so bewusst und direkt hervorgehoben wie die Uhr hoch oben über dem Hauptaltar. Sie macht den Betrachter stutzig. Dienten die Turmuhren an den Kirchen doch ursprünglich dazu, die Menschen draußen während der Verrichtung ihres Tagewerks an die Zeiten des Gebets und des Gottesdienstes zu gemahnen. Hier im Innenraum scheint die Funktion der Uhr wohl eine andere zu sein.
Zeit also. Zeit spielt im Glauben eine große und gleichzeitig keine Rolle. Die Uhr über dem Altar läuft richtig, sie zeigt die Jetztzeit für uns Menschen. Unser aller Leben wird von solch einer Uhr diktiert. Hier wird jedoch daran gemahnt, dass am heiligen Ort und in Wirklichkeit die Heilszeit gilt. Unsere Erdenzeit ist bloß ein Samenkorn im Vergleich zur Unendlichkeit und eine Illusion in der Schöpfung Gottes. Die Uhr erinnert uns daran, dass der verheißene Tag des Jüngsten Gerichts kommen wird. Das

Leben ist kurz und wir sollen es nutzen für Taten der Nächstenliebe und des Glaubens. Eine ergreifende Symbolik, die uns in ihrer Mahnung erschauern lässt.

Ähnlich starke Symbolik finden wir links vom Altar. Hier erwartet uns der heilige Bonifatius mit einem durchstochenen Buch in der Hand. Ein stark bedeutungsgeladenes Attribut! Es verweist auf seine Ermordung. Der missionierende Gottesmann wurde nämlich im hohen Alter von achtzig Jahren auf dem Weg zu einem Gottesdienst von friesischen Heiden überfallen und erschlagen. Als sie das Schwert gegen ihn zückten, soll er, wie die Legende berichtet, ein Buch zum Schutz über sein Haupt gehalten haben, das der Mörder durchstach, ehe er den tapferen Heiligen traf.

Verweilen Sie noch ein wenig in der Kirche und umkreisen Sie sie dann in dem überdachten Kreuzweg. Nach diesem imposanten Erlebnis heiliger und heilender Lebensweisheit und Ermahnung, wollen wir noch die kleine, liebliche Anastasiakapelle an der Nordostecke der Basilika besuchen und dort verweilen.

Der herrliche Rokokoraum aus dem 18. Jahrhundert mit ovalem Grundriss nimmt uns sofort gefangen. Ein interessantes wie seltenes Gewölbe aus einer Tonne und zwei Halbkugeln überspannt den mit Rocaille-Stuck verzierten Hauptaltar, der leider nur durch ein Gitter zu bewundern ist. Besondere Aufmerksamkeit sollten sie auch den Seitenaltären schenken, die Ignaz Günther entwarf und deren plastischen Schmuck er sogar selbst schnitzte. In diesem kleinen, von Schmuck überladenen Raum spüren Sie eine Leichtigkeit, eine Sorglosigkeit, wie man sie selten an heiligen Orten verspürt. Dieses Kleinod der Baukunst zeigt die Früchte jahrelangen Lebens und Strebens dieses Klosters nach der Losung ihres Patrons: *Ora et labora*. Ob bei der Arbeit oder beim Gebet: Gott ist immer bei uns. Nach einem langen Tagwerk in seinem Namen lädt dieser heilige Ort dazu ein, neue Kraft zu schöpfen in Gebet und Andacht.

Gebet: »Manchmal kann ich nicht recht beten. Ich weiß nicht, was ich sagen soll ...«
So beginnt ein Gebetsvorschlag, der über dem Opferstock in der Basilika angebracht ist. Wahre Demut: »Ich weiß nicht ...«, statt all der erhabenen Worte. Wer so zu beten beginnt, der meint es ehrlich.
Lassen Sie Ihren Gedanken und Gefühlen freien Lauf. Sie müssen nichts gewählt formulieren und ausdrücken.
Wer sollte Sie besser verstehen als der Herrgott, der uns und alles um uns herum geschaffen hat?
Gedanken: Ob wir im Auto zur Arbeit fahren, im Büro sitzen oder im Haushalt arbeiten: Gott ist immer bei uns. Wir können immer in einem kurzen Gebet innehalten und Zwiesprache halten. Ob wir im Stau stehen oder an der Schlange im Laden, das Gebet ist immer möglich! *Ora et labora* – dieser

Leitspruch zeigt uns nicht nur, was wichtig ist im Leben, sondern auch, dass beides immer auch gleichzeitig geschehen kann – und umso leichter wird! Denn wir finden Kraft für alle Aufgaben im Gespräch mit Gott.

Ausgangspunkt: Parkplatz gegenüber der Klostergärtnerei.

Einkehr: Klosterbräustüberl Benediktbeuern. Idyllischer Biergarten inmitten des heiligen Areals. Besonders zu empfehlen: der hier hergestellte Klosterlikör und der opulente Ochsenbraten.

Anfahrt: Autobahn Garmisch A95 nach Sindelsdorf, Ausfahrt Murnau/Kochel. Dann an Schlehdorf vorbei über Kochel immer Richtung Bad Tölz bis Benediktbeuren. Gut ausgeschildert.

15

Kloster Altomünster

Die drei Wunder des Heiligen im Wald

Das Kloster Altomünster: Schon der Ortsname zeugt von der Geschichte des heiligen Ortes. Er verweist auf den heiligen Alto und auf das von ihm hier gegründete Münster, was auf Althochdeutsch Kloster bedeutet.

Die Geschichte des Klosters reicht weit zurück in die Vergangenheit Bayerns, bis ins 8. Jahrhundert, als das Herzogtum Bayern dem Frankenreich einverleibt worden war. Dessen Herrscher, die Karolinger, besaßen zu jener Zeit in der Gegend zwischen Augsburg und München große Ländereien. In einem abgelegenen Waldstück der karolingischen Güter war zu dieser Zeit ein Einsiedlermönch namens Alto sesshaft geworden. Der Frankenkönig Pippin der Kleine, Vater Karls des Großen, jagte damals gelegentlich in den Wäldern der nahen Umgebung. Eines Tages traf er den Eremiten im Wald in seiner bescheidenen Klause und war so beeindruckt von dessen Frömmigkeit und Entbehrung, dass er ihm

das große Waldgebiet ringsum zur Gründung eines Klosters schenkte.
Eine Ironie der Zeitgeschichte! Alto heißt auf Latein so viel wie »der Hochgewachsene«. Hier bekam also der arme, hochgewachsene und tugendreiche Einsiedler Alto vom mächtigen und reichen, kleinwüchsigen König Pippin das Waldstück geschenkt, das bis heute den Namen Altowald trägt und wo uns heute das Kloster Altomünster erwartet.
Die Errichtung des Klosters wird um das Jahr 750 datiert. Seiner Entstehungsgeschichte war von Anfang an die wundersame und die heilende Kraft des Alto einbeschrieben. Insgesamt drei (!) Wunder werden allein mit der Gründung des Klosters in Verbindung gebracht. Zum einen das Rodungswunder: So soll der heilige Alto Bäume, die für den Bau des Klosters benötigt wurden, mit einem Messer gekennzeichnet haben – die daraufhin ganz von selbst zu Boden fielen. Diese von Gotteshand gefällten Bäume mussten jedoch noch entastet werden. Da kam Alto abermals Gottes Schöpfung zu Hilfe: Vögel kamen herangeflogen und trugen die Äste und Zweige davon und halfen so beim Kirchenbau. Als drittes Wunder gilt das Quellwunder: Als beim Klosterbau das Wasser knapp wurde, fuhr Alto mit seinem Stab in den Boden. Sogleich sprudelte klares Quellwasser hervor, das bis heute nicht versiegt und als Heilquelle berühmt ist. Sie entspringt unter

dem rechten Seitenaltar im Kirchenschiff der Klosterkirche.
Der einstmalige Einsiedler wurde zum Priester und ersten Abt dieses abgelegenen, aber durch zahlreiche Spenden Adliger alsbald sehr reichen Klosters. Und die Kette der Wunder riss nicht ab. Bei einem Gottesdienst hatte Alto während der Feier der heiligen Messe eine Vision. Er wurde Zeuge der realen, ständigen Gegenwart Christi, als er beim Emporheben des Kelches während der Eucharistie das segnende Jesuskind mit ausgebreiteten Armen aus dem Kelch herausschweben sah. Eine wunderschöne Vision, die das Versprechen bezeugt, das Jesus nach seiner Auferstehung seinen Jüngern gab: »Seid gewiss: Ich bin bei euch alle Tage bis zum Ende der Welt« (Mt 28,20).
Bevor wir nun die Klosterkirche St. Alto und St. Birgitta erkunden, wollen wir die Stelle im Wald suchen, wo einst die primitive Klause des Einsiedlers gestanden hat und an der sich heute der Gnadenbrunnen und eine Gedenkkapelle befinden. Sie entdecken das unvergessliche Fleckchen Erde, indem Sie von der Ortsmitte stets der Beschilderung zur »Altoquelle« folgen. Bald erreichen Sie ein Waldstück und über zwei kleinere Holzbrücken gelangen Sie zu der Stätte, die Heiligkeit und Wunderkraft geradezu atmet. Inmitten dieser geheimnisvollen Waldsenke entspringt die Quelle des Alto. Mit ih-

rem kleinen dreieckigen Bildstock, in dem die stets mit Bändern geschmückte Figur des Alto über das Terrain wacht, ist sie nicht zu übersehen. Die überlebensgroße Altofigur zeigt den Heiligen mit Mitra und Abtsstab sowie dem Kelch, aus dem sich die Figur des segnenden Christuskindes erhebt. Verweilen Sie ein wenig, schöpfen Sie von dem Wasser und von der Ruhe und dem Frieden, die sie hier umgeben. Denken Sie daran: Sie stehen auf einem heiligen Quellgebiet. Blicken Sie bewusst um sich. Die Natur zeigt Ihnen in dieser Waldeinsamkeit alle verborgenen Zeichen von Heilung und Lebenskraft, die auch Sie hier finden können.

Kehren wir nun mit Frieden im Herzen zurück nach Altomünster, wo der Turm der Klosterkirche hoch in den Himmel ragt. Wenn man den überwältigenden Sakralraum der Pfarrkirche St. Alto und St. Birgitta betritt, überrascht vor allem die geniale Anordnung der verschiedenen Ebenen des Kirchenschiffs. Der Blick und der Weg nach hinten zum Chor scheinen automatisch nach oben zu gehen, als würde jeder Schritt, mit dem wir dem Heiligsten der Kirche, dem Hochaltar, näher kommen, nach oben, himmelwärts führen.

Der Schein trügt nicht: Die Kirche steht auf einem zunächst steil ansteigenden und sich dann abflachenden Hang inmitten der Marktgemeinde. Da sich Klöster seit jeher als geistliche Städte begriffen

haben, die Jerusalem auf seinen Hügeln zum Vorbild haben, wurde auch Altomünster auf einem Plateau errichtet. Doch steht die fast sechzig Meter lange Kirche nicht ebenmäßig auf dieser Anhöhe. Tatsächlich steigt der Boden des Kirchenraumes vom Eingang bis zum Chorschluss um sechs Meter an. Was für ein fantastischer Kirchenraum, der auf verschiedenen Ebenen die Heiligkeit erfahrbar macht! Und die vielen Treppen! Stufenweise gelangen Sie hier zur Erkenntnis, was ein heiliger Raum ist …
Immer wieder zieht Sie das Spiel der Ebenen und des Lichts in seinen heiligen Bann. Die Anordnung der vier Innenräume, die kunstvoll hintereinandergestaffelt liegen, ergibt eine Raumperspektive von starker Symbolik: Immer wenn Sie den Altarraum sehen wollen, müssen Sie nach oben schauen. Himmelwärts. Bevor Sie jedoch diese Ebenen der Andacht und der Erleuchtung erleben können, müssen Sie eine große Freitreppe nach oben geschritten sein, immer die Pforte der Kirche vor Augen. Es ist ein überraschend schmales Portal, das in den heiligen Raum führt. Das schmale Kirchentor soll an ein Geheiß Jesu erinnern, der seine Jünger ermahnte: »Geht durch das enge Tor! Denn das Tor ist weit, das ins Verderben führt, und der Weg dahin ist breit und viele gehen auf ihm. Aber das Tor, das zum Leben führt, ist eng und der Weg dahin ist schmal und nur wenige finden ihn« (Mt 7,13-14).

Hinter dem archaischen, gedrungenen Portal empfängt uns ein düsterer Vorraum, in dessen Gewölbe links eine Felsengrotte mit einer Todesangst-Christi-Kapelle eingerichtet ist. In einem Panoramabild ist die Ölbergszene (vgl. Kapitel 4) dargestellt, daneben steht die überlebensgroße Figur des gefesselten Heilands im Kerker. Eine bedrückende Szenerie. Dieser finstere Vorraum scheint das eigentliche enge Tor zu sein, das man passieren muss, bevor man die Herrlichkeit der Kirche schauen darf.

Zu unserer Rechten findet sich eine Lourdesgrotte. Eine große Figur der Muttergottes steht in einer künstlichen Felsengrotte, ein Meer von Opferkerzen ihr zu Füßen. Hier kann das Wasser der Wunderquelle des heiligen Alto geschöpft werden. Viele Gläubige strömen regelmäßig hierher, um es zu trinken und den Heiligen um seine Hilfe zu bitten.

Wir gehen weiter, betreten die Kirche und – sind geblendet von den lichten Bögen des Hauptschiffes, die sich vor unseren staunenden Augen aufspannen! Sofort erfasst uns ein atmosphärischer Sog, der vom hoch gelegenen Altar auszugehen scheint. Wenden wir uns jedoch zunächst dem rechten Seitenaltar, dem Altoaltar zu: Unter diesem Altar entspringt noch heute die Altoquelle und fließt zur Lourdesgrotte in den Vorraum der Kirche. Über dem Altar sehen wir die Kelchvision des Heiligen figürlich dargestellt. Hier wird auch die Hirnschale des heiligen

Alto als Reliquie verwahrt. An seinem Festtag, dem 9. Februar, wird die reich verzierte Reliquie dann hervorgeholt und allen anwesenden Gläubigen einzeln zur Segnung auf den Kopf aufgelegt. Bis in die Dreißigerjahre hinein wurde nach der Messe aus dieser Schädeldecke Wein getrunken. Ein seltsamer und barbarisch wirken-der Brauch, der eher an den keltischen Kultbe-reich erinnert! Auch das Messer, mit dem der Heilige einst das Rodungswunder vollzog, wird hier aufbewahrt.

Doch nun hinein in den Zentralraum: Natürlich wieder Stufen hinauf, immer weiter nach oben, je näher wir dem Chorraum kommen. Suchen Sie weitere Motive des heiligen Alto? Dann müssen Sie – wie stets in dieser Kirche – nach oben schauen. Im Deckenfresko des Hauptschiffes eröffnet sich Ihnen ein Reigen der sagenhaften Geschichten, die sich um diesen heiligen Ort ranken. Sie alle umgeben kreisförmig die Darstellung der Dreifaltigkeit, welche die bemalte Kuppel krönt. Im nachfolgenden Kirchenraum, dem sogenannten Beichtraum, zeugt ein Fresko auf der Westseite vom Quellwunder des heiligen Alto. Er ist niedriger als der Hauptraum, weil sich über ihm der Nonnenchor befindet, der noch heute zur Klausur der hier lebenden Birgitten gehört und der Besichtigung nicht zugänglich ist.

Schreiten wir weiter voran und hinauf in Richtung Altarraum. Über dem prachtvollen weiß-goldenen

Altar erstreckt sich das Deckengewölbe wieder in seiner ganzen Höhe. Flankiert wird der Altar von zwei Apostelfiguren. Links sehen wir den heiligen Johannes mit Buch und Kelch, aus dem eine Schlange kriecht. Johannes entging nämlich laut der Legende einem Giftanschlag dadurch, dass das Gift wunderbarerweise in Gestalt einer Schlange aus seinem Trinkgefäß kroch. Auf der rechten Seite steht die Figur des Jakobus d. Ä. mit vergoldeten Stiefeln, Pilgerstab, Pilgerflasche und Muschelpailletten auf dem Mantelkragen – alles ist da, was zu seiner Ausstattung gehört. Umgeben von diesen beiden Lieblingsaposteln Jesu, thront über dem neubarocken Tabernakel und der gesamten glänzenden Pracht des Hauptaltars abermals der heilige Alto im Abtsornat und mit dem Visionskelch. Er ist wahrlich nicht nur Patron und Namensgeber von Altomünster, sondern das Zentrum der Verehrung und des Gebets an diesem heiligen Ort.

Das aktive Klosterleben in Altomünster ist jedoch seit dem 15. Jahrhundert und bis heute der heiligen Birgitta geweiht. Sechs Ordensschwestern leben hier in absoluter Klausur. In einem streng abgeschotteten und regulierten Tagesablauf leisten sie die ewige Anbetung Jesus, des allmächtigen Erlösers. Birgitten glauben gemäß der Visionen ihrer Gründerin, der heiligen Birgitta von Schweden, dass das Leiden Christi ewig andauert, ebenso wie die immer fortbestehende Sündhaftigkeit der Menschen. Doch ebenso sehr wie sein Leid ist auch die Liebe und Sehnsucht Jesu nach den Menschen ungebrochen. Daher haben sie es sich zur Aufgabe gemacht, in ständiger Anbetung diese Liebe und Hingabe zu erwidern. Eine schöne Besonderheit zeichnet ihr Ordensleben aus: Die Nonnen dieses Konvents können nie versetzt werden. Sie bleiben für immer hier in ihrem Mutterkloster, sie bleiben als stille Wächter dieser besonderen heiligen Gnadenstätte.

Gebet: Weise mir, Herr, den Weg und mache mich willig,
ihn zu gehen.
Amen
(Gebet der heiligen Birgitta)

Gedanken: Der Weg. Immer wieder der Weg. Denken Sie an das schmale Eingangsportal. Jeder religiös Suchende ist auf den Weg angewiesen. Die Tradition aller Pilgerbewegungen und Pilgerstraßen weiß nichts anderes zu berichten: Der Weg – selten findet ihn ein Mensch alleine! Es bedarf der Hingabe, man muss sich leiten lassen von Gott. Um dafür frei zu sein, muss der Einfluss unseres so überschätzten Verstandes und unserer sogenannten Vernunft überwunden werden – täglich aufs Neue: »Der Weg, der zum Leben führt, ist für dich bereitet. Die Eingangspforte ist offen. (...) Eile in Liebe dem Herrn entgegen. Gott wird dich mit Liebe empfangen ...«
(Aus den Weisungen der heiligen Birgitta)

Ausgangspunkt: St. Birgittenhof direkt vor dem Kloster.

Einkehr: Gasthaus Weilachmühle in Thalhausen: etwas versteckt, aber einen Umweg wert.

Anfahrt: Folgen Sie der A 8 in Richtung Stuttgart, Abfahrt Odelzhausen. Der Odelzhauser Straße über Hohenzell und Kiemertshofen nach Altomünster folgen. Oder von Dachau aus immer der Münchener Straße folgen bis zur Abzweigung rechts nach Altomünster.

16
Kloster Fürstenfeld

Ein heiliger Ort der Buße in Tal und Einsamkeit

Es ist alles nur Fassade. Oder aber: Nicht alles ist Fassade, es steckt viel, viel mehr dahinter! Solche Gedanken bestürmen den erstaunten und überwältigten Ankommenden auf dem weiten Vorplatz beim Bewundern der schlossähnlichen Fassade von Kloster Fürstenfeld. Denn die Gründung dieses wahrhaft heiligen und von Pilgern und Betenden gern besuchten Ortes geht auf eine frevelhafte Bluttat Herzog Ludwigs II. zurück. Lassen wir uns hineinziehen in die Wirren und Ränke des hohen Mittelalters.

Vor mehr als siebenhundert Jahren hatte Bayernherzog Ludwig II., auch »der Strenge« genannt, seine Gemahlin Maria von Brabant wegen des bloßen Verdachts ehelicher Untreue auf dem Mangoldstein bei Donauwörth enthaupten lassen und zwei ihrer Zofen in seinem Blutrausch erstochen. Doch schon bald nach seiner schrecklichen Tat stellte sich ihre Unschuld heraus und Ludwig befiel bitterste Reue. Über Nacht, so will es die Legende, soll das herzogliche Haupt vor Gram schneeweiß geworden sein. Daher pilgerte er nach Rom zu Papst Alexander IV., um Absolution zu erlangen. Doch der Papst sprach ihn von dieser Tat nicht frei. Er stellte den Wittelsbacher vor die Wahl, sich entweder an einem Kreuzzug ins Heilige Land zu beteiligen oder ein Kloster zu errichten. Ludwig entschied sich für letztere Sühneleistung und betraute im Jahre 1258 Zisterziensermönche aus Aldersbach mit der Klostergründung. Der Orden der Zisterzienser galt damals schon wegen seiner strikten Auflagen als der strengste und war deshalb für die Buße des Adeligen gerade angemessen. Kenner des Jakobsweges werden sich an die herrlichen und sämtlich an hochwirksamen Kraftorten positionierten Zisterzienser-klöster des spanischen Jakobsweges erinnern! Auch hier dauerte es, bis der endgültige Ort für das Kloster feststand. Die Mönche ließen sich zunächst in Aibling nieder, siedelten dann aber um nach Eberhardsgarten bei Bruck und gründeten dort »in Tal und Einsamkeit« 1263 auf dem Felde des Fürsten das Kloster Fürstenfeld. Sie werden gewusst haben, warum gerade dort.

Werden Sie sich dieser besonderen Wahl des Ortes bewusst, wenn Sie auf dem weitläufigen Areal vor der überwältigenden Fassade von Kloster Fürstenfeld stehen. Die Kraft gezielt seelenwirkend gestalteter Symmetrien zieht sofort ein in das Unterbewusstsein des Pilgers. Der Ort nimmt einen mit. Und immer wieder die heilige Dreizahl. Von Säulenreihen vertikal verbunden, eröffnet sich dem Betrachter die weltenbestimmende Dreiheit in Gestalt der drei Ebenen der Klosterfassade. Zuoberst die Christus-Ebene mit der Figur des Weltenerlösers bis hinab zur Ebene des irdischen Daseins mit dem wuchtigen Einlasstor.

Zisterzienserklöster wurden damals grundsätzlich »Maria, der Königin des Himmels und der Erde« geweiht. Das Patrozinium der Muttergottes ist auch in Fürstenfeld nicht zu übersehen. Das Geheimnis der Geburt des Gottessohnes durch Maria, der Jungfrau – es steht deutlich im Zentrum der künstlerischen Gestaltung der Klosterkirche St. Maria Himmelfahrt.

Treten Sie ein. Über dem achtzig Meter langen Innenraum, der vor Ihnen liegt, spannt sich der reich mit Stuck verzierte Himmel eines großen Tonnengewölbes, dessen Wandpfeiler durch reich verzierte Halbsäulen noch betont werden. Man hat den Eindruck, einen überaus prachtvollen Festsaal zu betreten! Alles glänzt und die Farben der prächtigen, von Cosmas Damian Asam geschaffenen Wandmalereien leuchten mit seltener Intensität. Die kunstvollen Fresken im Deckengewölbe zeigen die zentralen biblischen Heilstaten (Verkündigung, Geburt, Auferstehung, Himmelfahrt und Geistsendung an

Pfingsten) in Verbindung mit wichtigen Ereignissen im Leben des heiligen Bernhard von Clairvaux, dem großen Ordensheiligen der Zisterzienser.
Die mitreißende Atmosphäre des hellen, golddurchwirkten und von unzählig wirkenden Säulen bestimmten Innenraumes sollten Sie vor allem mit dem Herzen erspüren und nicht bloß mit den Augen eines Kunstgeschichtlers würdigen. Gehen Sie gemessen und aufmerksam das Mittelschiff entlang auf den ausladenden, barocküberfließenden Hauptaltar zu. Spüren Sie die nach vorne ziehende Energie und bleiben Sie genau da im vorderen Bereich der Kirche stehen, wo Sie die Kraft am stärksten fühlen und den Hochaltar im Blick haben.
Das gesamte Raumprogramm ist auf den Kreuzaltar am Übergang vom Langhaus zum Chor ausgerichtet. Sein Kreuz symbolisiert die Mitte der Kirche und gleichzeitig den Eintritt in die Herrlichkeit des Himmels, die sich im Hochaltar mit dem eindrucksvollen Altarbild offenbart. Das Altarblatt zeigt die Aufnahme Mariens in den Himmel – eine Verheißung für jeden gläubigen Christen! Bestaunen Sie die erhebende Darstellung: Der zu seinem Vater zurückgekehrte Jesus Christus empfängt Maria, seine Mutter auf Erden, mit ausgestreckten Armen und krönt sie zur Himmelskönigin. Eine hochdynamische Himmelfahrtsszene, die der nach oben ziehenden Energie des Altarbereichs Rechnung trägt. Zwei Per-

spektiven verwirren dabei Auge und Zuordnungssinn: zum einen der Blick hinab auf den offenen Sarg, zum anderen der Blick hinauf zur gen Himmel aufsteigenden Maria. Es ist, als würde man als Betrachter selbst zwischen Himmel und Erde schweben: unter einem die Vergänglichkeit des Erdenlebens, symbolisiert durch den Sarg, über einem die Herrlichkeit des Himmels.

Diese Kirche steckt voll versteckter Symbolik, ist ein wahrer Zaubergarten der Anspielungen auf Denkformen. Viele symbolische Botschaften dieser Kirche erschließen sich dem Betrachter nur durch entsprechendes Vorwissen, so etwa, dass die Farbe Blau in der Kirchenmalerei für die Unbegrenztheit der Kirche steht. Andere Bedeutungen wie die des zunächst weinenden, später dann glücklich lächelnden Engels an einem der Beichtstühle erklärt sich durch aufmerksames Betrachten von selbst. Suchen Sie ihn!

Oder betrachten Sie die Orgel auf der Westseite der Kirche genauer. Fällt Ihnen etwas auf? Die gesamte Orgel ist gestaltet als überdimensionales »M«. Das Monogramm Mariens, es thront in dieser Kirche über den Köpfen der Gläubigen. Auf der Mittelsäule dieses Monogramms steht Maria, die mit der Sonne bekleidete Frau, von musizierenden Engeln umgeben. Die Orgel ist die einzige in allen wesentlichen Teilen original erhaltene zweimanualige Orgel aus der ersten Hälfte des 18. Jahrhunderts in Altbayern.

Drehen wir uns wieder zurück und bestaunen wir noch einmal die Asam-Fresken des Chorraums. Als Versammlungsort der Mönche zum Gebet verweisen die Fresken des Chorraums auf die Tugenden und Pflichten eines Mönchs. Die Gottesmutter als Patronin des Ordens tritt immer wieder in Erscheinung und die Gründung des Klosters als Sühnestiftung Herzog Ludwigs des Strengen wird dargestellt. Eine Figur vom reuigen Klosterstifter hält außerdem am Übergang zum Chorraum der Kirche die Erinnerung an diesen Wittelsbacher lebendig und verdeutlicht das Gewicht und den Einfluss der bayerischen Herrscherfamilie in der Geschichte des Klosters.

Der Figur Ludwigs des II. zu Füßen befindet sich – klein und unscheinbar – eine Marienfigur, die hier besonders verehrt wird: Die sogenannte Traubenmadonna, die noch vom mittelalterlichen Hochaltar der Kirche stammt. Sie ist ein seltenes Zeugnis spätgotischer Münchner Schnitzkunst und zeigt die Gottesmutter ganz in Gold mit Krone und Zepter in der Hand, auf einer Bank sitzend. Das Jesuskind auf ihrem Schoß greift nach Weintrauben, die sie in der Hand hält. Warum Weintrauben? Weintrauben und vor allem die Weinrebe sind seit jeher ein christliches Symbol, das an den Ausspruch von Jesus erinnern

soll: »Ich bin der Weinstock und ihr seid die Reben!« Die Rebe ist ein Zeichen des Schutzes in der Gemeinschaft mit Christus. Außerdem sind Rebe und Weintraube seit jeher Symbol der Fruchtbarkeit (!), des Gedeihens und des Wohlergehens.
Suchen Sie zuletzt noch die Jakobusfigur in der linken Altarnische, gegenüber dem heiligen Hyazinthus. Jakobus trägt alle Insignien seines Pilgerlebens: Jakobsmuschel, Wanderstab und Pilgerflasche. Wir erkennen: Wir befinden uns auf einer Station des tausendjährigen Jakobswegs. Ganz Bayern scheint nicht nur von Wegen durchzogen, sondern stellt sich immer wieder dar als ein Netzwerk wissend und wirkend ausgelegter Jakobsenergie.

Gebet: Lieber Gott, lass in meinem Leben nicht Argwohn und Misstrauen das letzte Wort haben, sondern gib mir Vertrauen und Zuversicht in meine Mitmenschen. Lass mich das Gute suchen und nicht überall Schlechtes sehen.
Lass mich die Herrlichkeit Deiner Schöpfung in allen Menschen sehen und hilf mir, wenn ich irre, zurück auf den richtigen Weg.
Denn Du lehrst die Menschen, was es heißt, zu verzeihen.
Schon bei unserer Geburt und zu jeder Zeit kennst Du alle unsere zukünftigen Verfehlungen.
Dennoch liebst Du uns jetzt und vergibst uns immer wieder aufs Neue.
Dafür danke ich Dir.
Amen
Gedanken: Wie oft verurteilen wir, so wie einst der strenge

Ludwig, andere aufgrund vorschneller Annahmen und Unterstellungen? Wie schnell sind wir bereit, das Schlechte zu vermuten, wo wir auf das Gute hoffen könnten? Die heutige Welt ist so misstrauisch geworden, dass uns ein simpler Akt der Nächstenliebe von Fremden bereits argwöhnisch macht. Womöglich führt er was im Schilde oder will Geld dafür? Versuchen Sie nach diesem Besuch, bewusst das Gute in den Menschen um Sie herum zu sehen. Sie werden überrascht sein, wie viel Güte und Liebe Sie alltäglich umgibt!

Ausgangspunkt: Der weite Platz vor der hochherrlichen dreigeteilten Fassade von Kloster Fürstenfeld.

Einkehr: Im Fürstenfelder Biergarten inmitten der Klosteranlage kann man, umgeben von klösterlichen Parkanlagen, den Besuch ausklingen lassen.

Anfahrt: Folgen Sie der A 8 in Richtung Stuttgart bis zur Abfahrt Dachau/Fürstenfeldbruck, dann der B 471 in Richtung Fürstenfeldbruck, kurz nach Ortsanfang biegen Sie links in die Dachauer Straße, die Sie direkt zum Kloster führt.

17
Wallfahrtskapelle Maria Hilf in Grünsink

Aus jeder Finsternis führt ein Weg ins Licht

Maria Grünsink! Maria in der Grünen Senke! Sammarei, Sanct Marei! Maria Brünnlein! Maria Birnbaum … Ist Ihnen, geneigter Leser und Wanderer auf Pilgerpfaden, schon der Wohlklang der vielen Marienorte aufgefallen? Es scheint, als ob in diesen schönen Namen eine innere Musik verborgen sei, der Klang von Liebe, vom Einssein, von Erde und vor allem: Leben.

Maria Grünsink ist eine Benennung für eine Pilgerstätte, die es »in sich« hat. Weist doch sogar der offizielle Kirchenführer darauf hin, dass jener wohlklingende Namen auch von *gruwison*, althochdeutsch für »Grausen«, stammen könnte.

Wie so oft bei heiligen Orten und Wunderstätten feststellbar, ist auch hier ein alter heidnischer Kultplatz als Vorgänger auszumachen. Der rundbucklige Hügel zwischen dem überdachten Freilicht-Messplatz und seinem immergrünen Moorwald zeugt noch von dieser kultischen Vergangenheit. Um die

Entstehung der Marienwallfahrt an ausgerechnet diesem Ort rankt sich eine Legende, die von der Gnade Mariens in höchster Not und tiefster Dunkelheit zu erzählen weiß: Dereinst geriet bei einer Wildhatz ein junger Adliger derart ins Jagdfieber, dass er Raum und Zeit vergaß. Er wusste im wahrsten Sinne des Wortes nicht mehr, wo er war – er hatte sich rettungslos in diesem damals noch größeren und dichteren Wald verirrt. Um ihn herum verbargen sich im schwindenden Licht tückische Moorlöcher und Sumpffallen, alte Toteisbecken der Würmeiszeit, die jene heute noch erkennbaren Senken im dunklen Wald und nicht zuletzt den Weßlinger See hervorgebracht haben.

In seinem Jagdrausch war so aus dem Verfolger längst ein Verfolgter geworden, ein Verfolgter seiner eigenen Raffgier und seines blinden Stolzes. Längst hatte er als ehrgeiziger Jäger hoch zu Ross nur noch den Prachthirsch und seinen Jagdruhm vor Augen gehabt. Die Jagdgesellschaft und jeglichen Weg hatte er leichtsinnig hinter sich gelassen. Und das in einer damals wahrhaft wilden Gegend! Es befiel ihn ein nie gekanntes Grauen an diesem seltsamen Ort. Denn das damals noch zu Kloster Tegernsee gehörige Waldstück war trotz aller Bekehrungsbemühungen in Bayern verrufen als Ort vorchristlicher Kulttradition. War es das Grausen dieses Kultortes, das den gräflichen Jäger befiel und dem Wallfahrtsort seinen Namen gab? *Gruwison* – Grünsink? Verfolgen wir den Rest der Legende, dann wissen wir mehr.

Orientierungslos und verzweifelt irrte der junge Mann stundenlang durch den Wald, immer auf der Hut, denn es war dort nicht nur unheimlich, sondern auch gefährlich: Nordwestlich lauerte der Schluifelder See mit seinen moorigen Tiefen und mit ihm zahlreiche »Lacken«, Verderben bergende Sumpflöcher. Auch Wölfe gab es damals noch genug, ebenso Bären – und die kamen mit der finsteren Natur der Nacht weitaus besser zurecht als dieses verirrte und verängstigte Menschenkind.

Längst war er von jedem Weg abgekommen, stieg beständig und mit schwindender Lebensenergie über abgebrochene und verwitterte Äste, schob dunkle Zweige beiseite, sank bis zum Knöchel ein. Die Kräfte des Herumirrenden begannen zu schwinden und die Beine drohten ihren Dienst zu versagen. Da ließ er alle Hoffnung fahren, dass er aus eigener Kraft wieder zurückfände. Das Dunkel der Nacht umschloss ihn unerbittlich und ihm wurde klar: Er würde an diesem gefährlichen Ort bis zum Morgengrauen ausharren müssen, wenn nicht ein Wunder geschähe. Da betete er flehentlich zur Muttergottes:

O Maria! Hilf!

Er gelobte der Muttergottes, dass er, wenn er den Weg nach Etterschlag bei der »grünen Sinckh«(!)

zurückfände, dort ihr zu Ehren ein Bild aufstellen und so an heidnischer Kultstätte einen Ort der Marienandacht schaffen würde. Während er so inbrünstig betete, gelangte er wie von unsichtbarer Hand gelenkt zu der so verzweifelt gesuchten Senke und sah plötzlich – da! Endlich! Ein Licht im Dunkeln. Er hatte die Straße zur Einöde von Schluifeld gefunden und somit eine sichere Bleibe für die Nacht.
In dem Bauernhof, wo er Zuflucht fand, sah er am nächsten Morgen ein vernachlässigtes Marienbild hängen und erbat es sich als Geschenk. Dieses trug er an den Ort seiner größten Verzweiflung und Errettung durch Maria und stellte es in einem hohlen Birnbaum auf. Dieser Andachtsort »Maria in der Grünen Senke« wurde schnell ein viel und gern besuchter Wallfahrtsort, von dem bald weitere Erhörungswunder bekannt wurden. Und die Wunder, die von dort erzählt werden, sind zahlreich bis heute.
Bald war der unscheinbare Baum behangen von Opfergaben und Votivbildern, die von kleinen und großen Gnadenhilfen Mariens zeugten. Daher wurde 1763 an dieser Heilsstätte eine Kapelle errichtet und der Heiligen Jungfrau geweiht. Das Marienbild wurde feierlich von dem Birnbaum in den Schutz der Kapelle gebracht, um dort geschützt vor jeder Witterung den herströmenden Gläubigen zur Andacht zu dienen. Obwohl die kleine Wallfahrtskapelle keine

weitreichende Berühmtheit erlangte, sind Pilgerbesuche und Marienandachten in Grünsink niemals abgerissen.
Betreten Sie die kleine Kapelle am heiligen Ort. Durch eine quadratische, lichte Vorhalle gelangen Sie in das durch ein Gitter abgetrennte Schiff des Sakralraumes. Das Langschiff hat eine niedrigere Decke als der Vorraum, die sich noch mehr senkt, je näher wir dem heiligen Marienbild im Altarraum kommen. Alles scheint sich zum Heiligtum dieses Ortes hin zu verengen, zu konzentrieren. Der ganze Raum ist geschmückt mit Darstellungen aus Marias Leben. Zahlreiche Votivtafeln, die teilweise noch an dem Birnbaum der ursprünglichen Andachtsstätte hingen, zeugen von einer traditionsreichen und vor allem wundertätigen Wallfahrt an diesem Ort. Suchen Sie etwa das Votivbild eines Soldaten, der 1866 im Krieg gegen Preußen schwer verwundet wurde und zum Dank für Marias Beistand in größter Not hierhergepilgert ist, um eine Dankestafel samt der Kugel, die ihn getroffen hatte, aufzuhängen.
Bewundern Sie nun das Herz dieses Heiligtums: den Gnadenaltar. Aus kräftig getöntem Stuckmarmor ist er hinterlegt mit einem mit Blumen verzierten Stuckvorhang, der oben zu einem Baldachin gefasst ist. Mitten in dieser prunkvollen Umrahmung, getragen von zwei kleinen Putten, sehen Sie das überraschend kleine, bescheidene Gnadenbild von Maria mit ih-

rem Kind. Wissend und geradezu verständnisvoll blickt Maria dem gläubigen Pilger entgegen. Strahlend hebt sie sich ab vom dunklen Hintergrund des Bildes – ein Gnadenstrahl im Dunkel, ganz so, wie sie hier einst dem verirrten Jäger in der Finsternis zu Hilfe kam.

Gebet: Maria, hilf!
Maria, hilf uns aus aller Not, sei unsere Fürsprecherin bei Gott, sowohl im Leben als im Tod, zeige Deine Muttergüte, trage Deiner Kinder Bitte unserm Herrn und Heiland vor, der zur Mutter Dich erkor.
Amen.

Gedanken: Der stolze Reiter gerät ab vom Weg und irrt verloren durch die Finsternis. Dies könnte eine Parabel sein für das Schicksal vieler Menschen heutzutage. Denn diese Dunkelheit ist nicht nur physisch zu verstehen, sondern auch geistig und religiös. Wie viele unserer Mitmenschen irren durch ein solches Dunkel, auf der Suche nach Wahrheit, Erkenntnis und Erlösung? Für all jene ist dieser heilige Ort ein wunderbares Zeugnis: Aus der Finsternis führt immer auch ein Weg ins Licht: der Weg des Glaubens.

Ausgangspunkt: Der kleine Parkplatz von Maria Grünsink rechts neben der Straße unmittelbar nach der Kapelle (von Weßling her kommend).

Einkehr: Nichts in nächster Nähe. Brotzeit einpacken und die wunderschöne Umgebung genießen.

Anfahrt: Ab München Autobahn A96 Richtung Lindau. Bei Oberpfaffenhofen/Germering Abfahrt Weßling/Herrsching. In der Ortsmitte von Weßling rechts ab, der Grünsinker Straße folgend. Kurz nach einem Tunnel erscheint dann rechts die Kapelle.

18

Kloster Andechs

Den wahren Schatz des Heiligen Bergs finden

Kloster Andechs, von weit her sichtbar auf seiner Anhöhe über dem Ostufer des Ammersees inmitten des Fünf-Seen-Landes, ist seit über achthundert Jahren ein beliebtes Ziel für Pilger aus aller Welt. Es ist neben Altötting die bedeutendste und bekannteste Wallfahrtsstätte Bayerns.

Bevor wir – am besten zu Fuß – dem berühmten Benediktinerkloster entgegenstreben, sollte uns klar sein: Wir sind auf Schatzsuche. Die Wallfahrtsgeschichte von Andechs ist nämlich untrennbar verbunden mit einem Reliquienschatz, der zu der Zeit der Kreuzzüge hierhergelangte. Damals stand hier noch kein Kloster, sondern eine mittelalterliche Burg, die diesen Schatz hütete. Sie gehörte den Grafen von Dießen, einem der mächtigsten Adelsgeschlechter der Stauferzeit. Ende des 12. Jahrhunderts verlieh ihnen Kaiser Barbarossa zusätzlich den Herzogtitel »von Meranien« – das Grafengeschlecht war auf dem Höhepunkt seiner Macht.

Legendärer Ahnherr dieser Dynastie der Andechs-Meranier war der selige Graf Rasso, der Mitte des 10. Jahrhunderts von einer Pilgerreise ins Heilige Land wertvolle und seltene Reliquien mitbrachte, die zum Grundstock des »Heiligen Schatzes von Andechs« werden sollten. Dieser im Laufe der Zeit ständig vermehrte Reliquienschatz ließ Andechs schon damals zu einem weithin bekannten Wallfahrtsort werden, obwohl auf der Festung nur eine kleine Burgkapelle der Pilgerandacht diente.

Die Blütezeit der stolzen Meranier währte jedoch nicht lange. Bereits Mitte des 13. Jahrhunderts starb die männliche Linie des Geschlechts der Andechs-Meranier aus und die Burgbefestigung wurde durch die konkurrierenden Wittelsbacher geplündert und zerstört, einzig die kleine Burgkapelle blieb verschont. Ein Umstand mit weitreichenden Folgen, wie sich zeigen sollte. Man munkelte damals schon, dass der seit der Zerstörung der Burg als verschollen geltende »Heiltumschatz von Andechs« (Heiltum = Reliquie) unter der Burgkapelle St. Nikolaus vergraben sei. Allein: Alle, die davon hätten zeugen können und die genaue Stelle gekannt hätten, waren den Wittelsbachern zum Opfer gefallen.

Somit wurde es ruhig um Andechs und seine Wallfahrtstradition. Erst mit dem Wiederauftauchen dieses verloren geglaubten Reliquienschatzes hundert Jahre später erlebte Andechs eine neue Blütezeit.

Eine interessante Geschichte liegt diesem Wiederfinden zugrunde, wie der ehemalige Abt Odilo Lechner in seinem Buch mit dem treffenden Titel »Sehnsucht nach dem Geheimnis« zu berichten weiß: »Ungeheures Aufsehen hat es erregt, als 1388 am Dienstag nach dem Dreifaltigkeitssonntag ein Teil des alten Schatzes der Andechser Grafen nach anderthalb Jahrhunderten Verborgenheit wieder aufgefunden wurde, nach der alten Überlieferung durch eine Maus, die einen Hinweis auf das Versteck zutage brachte, während der Kaplan die Messe las.« Eine Maus? Betrachten wir als anekdotische Einstimmung die Legende etwas genauer: Während des Feierns der heiligen Messe soll eine Maus unter dem Altar der kleinen Burgkapelle hervorgekrochen sein, in ihrem Maul ein Stück Pergament, auf dem der Platz der vergrabenen Heiligtümer verzeichnet war. Man begann, an angezeigter Stelle im Altarbereich der Nikolauskapelle zu graben, und tatsächlich: Es dauerte nicht lange, da kam eine eisenbeschlagene Kiste mit dem verschollenen Andechser Reliquienschatz zum Vorschein!

Mit diesem glücklichen Moment beginnt die eigentliche Wallfahrts- und Klostergeschichte von Andechs. Wie ein Lauffeuer verbreitete sich die frohe Kunde und die Menschen kamen von überall her, um die verloren geglaubten Heiligtümer zu sehen und anzubeten. Kurzzeitig mussten die Pretiosen sogar nach München gebracht werden, so viele Pilger kamen nach Andechs: 60.000 waren es allein im Jahr der Wiederentdeckung. Daher veranlasste um 1420 Herzog Ernst von Bayern den Bau einer Wallfahrtskirche direkt an der Stelle der alten Burgkapelle. Er war es auch, der Andechs den noch heute gebräuchlichen Beinamen »Heiliger Berg« gab. Im Jahr 1455 gründete Herzog Albrecht III. dann ein Benediktinerkloster zur Betreuung des Reliquienschatzes und der Wallfahrer in Andechs. Es sollte über Jahrhunderte hinweg Kriege, Brände, Hungersnöte und Seuchen überstehen und dabei immer ein Ort der geistigen Sammlung und Stärkung bleiben. Mitte des 18. Jahrhunderts berief der damalige Abt Bernhard Schütz die besten Meister des Rokoko nach Andechs, um die Klosterkirche zu renovieren, darunter Johann Baptist Zimmermann, Franz X. Schmädl und Johann Baptist Straub. Sie sollten den gotischen Hallenbau des sogenannten weichen Stils zu einem Rokoko-Festsaal umgestalten, in dem sich Himmel und Erde liebend berühren, Diesseits und Jenseits verschmelzen, Spiritualität und Erdenfreude eins werden. Dank umfangreicher Renovierungsarbeiten im Jahre 2005 können wir diese Rokoko-Pracht heute wieder in altem Glanz bewundern.

Betreten wir also die Klosterkirche St. Nikolaus, Elisabeth und Maria, die den berühmten Reliquienschatz birgt. Wie soll man diesen himmlischen Festsaal in Worte fassen! Hier gilt, wie immer bei heiligen Gnaden- und Kraftstätten: Hingehen, da sein, schauen, staunen und inneres Erleben zulassen! Lassen Sie zunächst den zweigeschossigen Doppelhochaltar auf sich wirken, dem eine besondere Anziehungskraft innewohnt und der den Betrachter mit seiner kunstvollen Pracht in kindliches Staunen versetzt. Die obere Altarempore dient der Ausstellung der heiligen Reliquien an Festtagen. Im Zentrum des unteren Altarteils steht ein Gnadenbild der heiligen Maria mit Kind. Dieses Wallfahrtsbild ist ein eucharistisches Gnadenbild. Maria hält auf ihrem linken Arm das Jesuskind, das einen Weintraubenzweig hält. Mit der rechten Hand hat es eine Beere abgerissen und streckt sie dem Besucher auffordernd entgegen, als wollte das Kind ihm damit etwas sagen. Die Figur ist mit ihrer besonderen Symbolik eine Aufforderung zur Teilnahme an der heiligen Messe und der Eucharistie. Denn die einzelne Traube steht für den Wein, der bei der Eucharistie in das Blut Christi verwandelt wird. Eine Aufforderung, dem heiligen Abendmahl zu gedenken. Eine ergreifende Einladung.

Lassen Sie den Raum mit seinen verborgenen Botschaften auf sich wirken. Werden Sie Teil der Lichtspiele in dem lichtdurchfluteten und von erhörten Gebeten durchwobenen Raum. Vertiefen Sie sich in die Bilder an der Brüstung, welche die Geschichte der Andechser Heiligtümer erzählen. Wer fühlend in Andechs steht oder gar den Turm besteigt, der spürt sie, diese selten schöne Harmonie und Wirkkraft, die der Glaube hier erreicht hat und erreichen kann. Von der wundertätigen Erhörung der Nöte und Bitten der Menschen zeugen zahlreiche Votivtafeln unter der Orgelempore sowie die europaweit größte Sammlung von mehr als zweihundertfünfzig teils mannshohen Votivkerzen im Wachsgewölbe an der Westseite.

Begeben Sie sich nun zum Herzen, zum Juwel dieser Wallfahrtskirche: dem legendären Heiltumschatz. Er kann in der oberen Heiligen Kapelle über der Sebastianskapelle an der Nordseite der Wallfahrtskirche bewundert werden. Eine gotische Monstranz birgt das Heiligste des Reliquienschatzes: die Drei Heiligen Hostien. Diese drei in Bergkristall eingefassten Hostien gehen auf Papst Leo IX und Papst Gregor den Großen zurück. Auf ihnen sollen durch ein Eucharistiewunder blutende Symbole erschienen sein: ein Fingerglied, ein Kreuz und das Christusmonogramm IHS. Diese gezeichneten Hostien zieren auch heute noch das Andechser Pilgerabzeichen und zeigen damit die Bedeutung dieses Heiligtums für den Wallfahrtsort Andechs. Der Andechser Reliquienschatz beinhaltet außerdem noch ein Fragment der Dornenkrone Jesu, das Brautkleid der heiligen

Elisabeth von Thüringen sowie das »Siegeskreuz« Karls des Großen. Sie können in der westlich anschließenden Reliquienkapelle bewundert werden.
Heil und Heilung am Gnadenort! »Von Widdersberg ein Weib stockblind, das Augenlicht hat wieder g'findt.« Dieser Vers, der eines der zahlreichen Mirakelbilder am Emporenumlauf ziert, zeigt uns eindringlich, dass Andechs und seine Geschichte untrennbar mit dem Wissen und der Kraft von Heilung und Gesundung verbunden sind: In diesem Falle das Wunder der Augenheilung, wobei die Wiedererlangung der Sehkraft immer auch mit einem inneren Sehen, einer spirituellen Erleuchtung verbunden ist.
Wer in Andechs den Ort der Heilung sucht, muss zum Gebäude der alten Klosterapotheke gehen, ganz oben auf dem Hochplateau vor dem Haupteingang der Kirche. Schon die Regel des heiligen Benedikt besagt: »Die Sorge für die Kranken steht vor und über allen Pflichten.« So hat die Klosterheilkunde auch hier eine lange Tradition. Die berühmte »Andechser Apothekenliste« aus dem 15. Jahrhundert, ein mittelalterliches Verzeichnis von Arzneistoffen, bezeugt das umfangreiche Wissen und die uralte Heilkunst der Benediktiner zum Heil von Kranken und Genesenden.
Wir erinnern uns: Ein Besuch in Andechs ist immer auch eine Schatzsuche. Suchen wir also den Schatz – wir haben ihn in unseren Herzen bereits gefunden!

Längst haben wir begriffen, dass der wahre Wert dieser Pilgerstätte nicht in seinen golddurchwirkten Reliquienschreinen liegt, ebenso wenig wie in der überaus kunstvoll gestalteten Klosterkirche. Was wir hier erleben und finden dürfen, ist heiliger Grund und Boden, geprägt von gelebtem Glauben, der seit beinahe einem ganzen Jahrtausend seine Wirkung und sein Heil entfaltet. Ein Ort der Heilung für alle Gläubigen, die mit müdem Leib und bedrücktem Geist, geplagt von Krankheit oder bloßer Sorge, hier eine Stätte der Andacht und der Zuflucht finden beim Gebet im Bannkreis erlebter und bezeugter Wunder. Ein Ort des Ankommens und der spirituellen Erleuchtung für alle, die nach Andechs wallfahren und damals wie heute ihre Anliegen, ihre Sorgen, aber auch ihre Freude und ihren Dank auf den Heiligen Berg tragen. Darin liegt der wahre, unermesslich wertvolle Schatz von Kloster Andechs.

Gebet: Gott, lass mich das Wahre sehen, öffne meine Augen für die Welt hinter der Welt.
Dann liegt der Schatz offen vor mir, in Andechs oder anderswo. Und ich kann sehen, was in der Hast und Oberflächlichkeit der heutigen Zeit verborgen bleiben mag.
Amen
Gedanken: »Die Schlüssel zu den wahren Schätzen des Lebens sind nicht Allerweltsware, billig auf den Straßen zu haben. Sie werden sorgsam aufbewahrt durch die Zeiten hindurch ...« (Odilo Lechner). Nur derjenige, der um die wahre

Natur eines Schatzes weiß, kann ihn »erkennen« und somit finden. Wer ihn in seiner wahren Gestalt zu sehen vermag, der hat ihn schon. Denn selten ist es das Blendwerk, das ein Heiligtum umgibt, das sein Heil ausmacht.

Ausgangspunkt: Vorplatz vor dem Hauptportal der Klosterkirche.

Einkehr: Andechser Bräustüberl oder die Klosterwirtschaft.

Anfahrt: Ab München A96 in Richtung Lindau, Ausfahrt Oberpfaffenhofen; dann über Weßling bis Herrsching, bei Mühlfeld nicht rechts abbiegen, sondern halblinks weiter und hoch den Berg Richtung Andechs, erst bei Erling links ab.

19

Kloster Wessobrunn und die Wallfahrtskirche St. Leonhard im Pfaffenwinkel

Wo Gottes Schöpfung Lebensfreude schenkt

Für diesen Tag sollten Sie sich Zeit nehmen! Denn die heiligen Orte und Wege im Pfaffenwinkel fordern geradezu heraus zum Verweilen, Staunen und zum Gebet. Heute ist ein besonderer Tag. Sie werden danach die Schöpfung Gottes mit anderen Augen sehen. Beginnen wir hier unseren heiligen Tag in Wessobrunn.

In seinem Umkreis sind zahlreiche bekannte und weniger bekannte Stätten des Heils zu finden. Da wären die Tassilolinde und die heilige dreifache Quelle bei Kloster Wessobrunn, das Ulrichsbrünnlein bei Paterzell und die kaum bekannte Wallfahrtskirche St. Leonhard in Forst. Sie alle wollen wir heute in einem ausgedehnten Spaziergang erleben. Erleben! Heute überlassen wir die zahllosen kunstgeschichtlichen Details den Fachleuten, die mit ihrem zweifelsohne kenntnisreichen Blick oft das heiligende Gesamtbild solcher Heilsstätten übersehen. Wir stimmen uns ein mit einem kontemplativen Verweilen im alten Klostergarten von Wessobrunn. Hier, hinter der Pfarrkirche St. Johannes Baptist, entspringen die drei »Brunnen des Wezzo«, die dem Kloster und dem Ort den Namen geben. Die Klostergründung geht auf eine Stiftung durch Bayernherzog Tassilo III. im Jahre 753 zurück. Die Legende besagt, dass Tassilo dereinst unter einer hiesigen Linde sein Nachtlager aufgeschlagen habe und dort von einer Himmelsleiter an einer dreigeteilten Quelle geträumt habe. Sein Jagdbegleiter Wezzo erkannte den Ort seiner Vision und führte ihn am nächsten Morgen zu dieser kreuzförmigen Quelle aus seinem gottgesandten Traum. Tassilo erkannte darin den göttlichen Auftrag zur Errichtung des Klosters. Er ließ das gesegnete Wasser in Becken sammeln und eine Benediktinerabtei an dieser Stelle errichten.

Folgt man dem Verlauf der Klostermauern, so erreicht man in etwa zehn Minuten die legendäre Tassilolinde, unter deren schützendem Dach der Herzog diesen Traum geschaut haben soll. Ein erhabener Baumriese. Die altehrwürdige Linde muss an die 1300 Jahre alt sein. Der ursprüngliche Baum macht nur noch den inneren Kern aus, um den immer neue Triebe zu mächtigen Stämmen herangewachsen sind und die inzwischen einen Umfang von vierzehn Metern haben.

Hier, zwischen Tassilolinde und dem verheißenen Brunnen, diesem dreifach der Mutter Erde entströmenden erquickenden Lebensborn, zwischen dem alten Klostergarten und der Pfarrkirche – enteilen die Gedanken! Himmelwärts. In Wessobrunn haben negative Gedanken, Sorgen und Missmut ein schweres Dasein, denn eine besondere Lebensfreude scheint von diesem Terrain auszugehen. Wir blicken um uns und wir spüren die einzigartige Lebenskraft, die dieses Areal umgibt. Sehen Sie genau hin: Dies ist nicht nur eine Quelle, die Wasser aus der Erde entlässt. Sie speist auch einen Kalter mit kräftigen und gesunden Forellen. In ihrer direkten Umgebung gedeiht alles, was lebendig ist. Alles scheint zu vibrieren vor Energie und Vitalität in diesem Garten in Gottes Schöpfung. Und wie wäre Gott besser zu umschreiben als mit »Leben«, »Lebenskraft« und »Lebenswille«? Freuen Sie sich, am Leben zu sein! Spüren Sie Ihren Körper, Ihre Lebenskraft ganz bewusst. Gottgefällige Gedanken scheinen hier Tradition zu haben, denn das Kloster ist bekannt als Fundort des berühmten Wessobrunner Gebets. Dieses um 814 entstandene und für die Heidenmission bestimmte Schöpfungsgebet gilt als ältester noch erhaltener Text der deutschen Sprache. Darin hat ein unbekannter Verfasser seine Gedanken über Gott und den Ursprung der Welt niedergelegt. Den Gebetstext finden Sie auf einem Gedenkstein unter der Dorflinde von Wessobrunn ausgestellt. Lesen wir die ersten Zeilen:

»Das erfuhr ich bei den Menschen als größtes Wunder,
als es Erde nicht gab noch Himmel,
nicht Baum noch Berg da war,
kein einziger Stern noch die Sonne schien,
der Mond nicht leuchtete noch die glänzende See.
Als da nichts war, nichts Endliches, nichts Unendliches,
war da allein der eine allmächtige Gott.«

Allein der allmächtige Gott! Dieses Gebet lässt in seiner schlichten Kraft und Klarheit alle modernen, rationalisierten Schöpfungserzählungen glatt verblassen. Hier gibt es keine Urknalltheorie. Im Wessobrunner Gebet ist es allein der Glaube, der den Schöpfungsgedanken trägt! Mit diesen wunderbaren Gedanken tausendjährigen Glaubens im Herzen ziehen wir weiter nach Forst zur Wallfahrtskirche St. Leonhard.

Fahren wir das kurze Stück durch herrliche Landschaft und dichte Wälder, am Zellsee vorbei, immer in Richtung Peißenberg. Malerisch schlängelt sich die Straße durch die Landschaft, vorbei am Paterzeller Eibenwald, dem ältesten Naturschutzgebiet und dem größten Eibenwald Deutschlands. Hier stehen Bäume, die noch aus dem Mittelalter stammen. Wieder wird einem die besondere Lebenskraft dieser Gegend bewusst, die nicht nur die Tassilolinde ein so hohes Alter erreichen ließ! Dann geht es hinauf auf einen Bergrücken, immer dem Himmel zu. Der uralte Gasthof »Bayerischer Hiasl« lässt uns schließlich wissen, dass wir in Forst angekommen sind, einem ehemals zum Kloster gehörigen Ort, der sich über vierundvierzig Weiler erstreckt.

Schon früh zog es Wallfahrer hierher, nämlich zum Ulrichsbrünnlein im Ortsteil Paterzell. An diesem kleinen Quell soll der heilige Bischof Ulrich von Augsburg 963 auf seiner zweiten Romreise Rast gemacht haben. Als weiteres Wallfahrtsziel in Forst erwartet den Pilger seit 1735 eine Kirche, die dem in Bayern hochverehrten Bauernheiligen St. Leonhard geweiht ist.

Sie ist Ziel unserer Reise. Die idyllische Kirche ist von einem stimmungsvollen Gottesacker umgeben und geprägt von einer erhabenen Einsamkeit. Wir befinden uns hier auf 750 Metern Höhe auf einem Ausläufer des Peißenbergs und erleben das seltsame Gefühl, über allem zu stehen. Nur der Zwiebelturm der Kirche ragt noch weiter in den Himmel. Wie entrückt stehen wir auf dem kleinen Friedhof vor der Kirche und spüren einen außergewöhnlichen Frieden.

Treten wir ein. Eine unerwartete Pracht umfängt uns, überall kunstfertiges Stuckwerk und reich verzierte Altäre. Diese unverhofften Kunstschätze aus dem späten Rokoko verdankt die Kirche den Künstlern der berühmten »Wessobrunner Schule«.

Das waren Kunsthandwerker und vor allem Stuckateure, die im 17. Jahrhundert im Benediktinerkloster Wessobrunn ausgebildet wurden und hier in der Umgebung lebten. Besonders das Deckenfresko über unseren Köpfen zieht die Blicke auf sich. Es erzählt die Lebensgeschichte des Kirchenpatrons Leonhard und zeigt ihn als Helfer in der Not. Doch wer war dieser in Bayern so hoch verehrte Bauernheilige? Vertiefen wir uns hier an diesem heiligen Ort in seine sagenumwobene Lebensgeschichte.

Leonhard war ein fränkischer Edelmann, der im 5. Jahrhundert am Hofe des Königs Chlodwig I. lebte. Geprägt durch die Lehren des heiligen Bischofs Remigius von Reims, der ihn bekehrte und taufte, beschloss er schon früh, der Welt zu entsagen und Gott zu dienen. Er lehnte das Bistum ab, das der König ihm übertragen wollte, und begab sich in die Wälder von Limoges, um dort als Eremit zu leben, das Evangelium zu verkünden und die Menschen zu bekehren. Hier begann auch sein wundertätiges Wirken:

Es geschah eines Tages, dass der König in der Nähe in den Wäldern jagte und die Königin mitgefahren war. Plötzlich bekam sie heftige Geburtswehen und schrie in größter Not. Leonhard hörte die Schreie der Verzweifelten und eilte mit großem Mitleid dorthin. Er betete bei ihr und bat für das Leben ihres ungeborenen Kindes. Seine Fürbitten wurden ge-

währt und die Fürstin konnte einem gesunden Sohn das Leben schenken. Der König bot ihm Gold und Silber zum Dank, doch Leonhard nahm nichts an, sondern gemahnte ihn, es lieber den Armen zu geben. Er brauche keine Schätze und begehre nichts anderes, als allein in einem dieser Wälder zu wohnen, fern von allen Schätzen der Welt, um Gott zu dienen. Da wollte ihm der König den ganzen Wald schenken. Leonhard aber sprach: »Den ganzen Wald mag ich nicht nehmen, ich begehre allein so viel, als ich in einer Nacht mit meinem Esel umreiten kann.« Das gewährte ihm der König. Leonhard errichtete in dem Waldstück eine Zelle, um dort ein Kloster zu errichten. Viele fühlten sich zur Nachahmung seiner Lebensweise berufen und strömten zu ihm, um dort mit dem frommen Einsiedler in Enthaltsamkeit zu leben. So entstand dort das Kloster, das bis heute unter dem Namen St. Léonard de Noblac berühmt ist.
Leonhard gilt heute vor allem als Patron der Gefangenen. Er hatte großes Mitleid mit den Gefangenen, die oftmals unschuldig in den Kerkern leiden mussten, ohne einen höheren Trost zu kennen. Er begann, sich für ihre Belange einzusetzen, und versuchte, ihnen im Gebet beizustehen. Manche konnte er durch seine Fürsprache beim König befreien. Die Legende besagt sogar, dass einige Gefangene allein durch seine Anrufung befreit worden seien. Die Ket-

ten wären einfach von ihnen abgefallen, als sie den heiligen Leonhard angerufen hatten.
Leonhardikirchen sind daher oft mit Ketten umspannt, um an diese Wunder zu gedenken, so z. B. die Leonhardikirche in Bad Tölz. Seit dem 11. Jahrhundert wurde Leonhard besonders auch in Bayern verehrt. Über hundertfünfzig Leonhardi-Wallfahrten gab es in seinem Namen und auch heute noch finden an seinem Gedenktag, dem 6. November, Leonhardi-Ritte in ganz Bayern statt. Der Heilige gilt wegen seines Attributs der Ketten auch als Patron der Haus- und Nutztiere, weshalb bei den traditionellen Leonhardi-Ritten oft Tiersegnungen stattfinden.
Blicken Sie nun noch mal hinauf in das Deckengewölbe und suchen Sie, welche Stationen dieses Heiligenlebens Sie wiedererkennen! Am Hochaltar erwartet Sie dann abermals eine Figur des heiligen Leonhard, wesentlich kleiner und bescheidener als die ihn flankierenden Heiligen. Selbst in seine künstlerische Darstellung scheint die Demut und Genügsamkeit des Heiligen eingeflossen zu sein. Wir beginnen zu begreifen, warum ausgerechnet in diesem abgelegenen Weiler, umgeben von tiefstem Eibenwald, diese Leonhardikirche errichtet wurde. Forst ist ein Ort, wie ihn dieser heilige Eremit gewählt hätte. Fernab von allen Schätzen der Welt, inmitten von Gottes Schöpfung.

Gebet: Allmächtiger und barmherziger Gott, durch die Verdienste und das Gebet Deines seligen Bekenners Leonhard gewährst Du die Errettung allen, die seine Hilfe anrufen, ob sie in Gefangenschaft leben oder in mancherlei andere Bande verstrickt sind. Gewähre uns, Deinen Dienern, dass wir durch die verehrungswürdige fromme Fürsprache dieses Heiligen in allen Bedrängnissen des Lebens Hilfe erlangen und auch von den Fesseln der Sünde durch Deine unvorstellbare Güte befreit werden.
Amen
(Tagesgebet aus dem »Leonhardsmissale« des Klosters Fürstenfeld)
Gedanken: Wie vieles nehmen wir als selbstverständlich hin! Dass wir gesund sind, am Leben sind und die wunderschönen Landschaften in Gottes Schöpfung erleben dürfen. Danken wir dafür jeden Tag, machen wir uns unser außergewöhnliches Glück bewusst – dann werden wir eine neue Lebensfreude spüren.
Ausgangspunkt: Klostergarten Wessobrunn. In Forst: Friedhofstor zur Kirche St. Leonhard.
Einkehr: Gasthof Bayerischer Hiasl.
Anfahrt: Entweder ab München Autobahn Lindau A96 bis Landsberg. Dann über Pürgen, Rott, Wessobrunn, Zellsee, Paterzell bis nach Forst. Viele wunderschöne andere Wege (z.B. Ammersee-Westufer über Greifenberg, Schondorf, Utting, Dießen, Raisting, also den »Bayerischen Jakobsweg« entlang) sind möglich!

20
Basilika St. Ulrich und Afra in Augsburg

Das Echo der Seele spüren

Die Pfarrkirche St. Ulrich und Afra präsentiert sich schon beim ersten Ankommen als heilige Stätte! Das aufregende sakrale Bauensemble zieht den gläubigen Pilger wie magisch an. Auf dem sogenannten Milchberg im Süden der heutigen Augsburger Altstadt, das Rathaus und das geschäftige Treiben der Fußgängerzone zu Füßen, ragt die Basilika hoch in den bayerischen Himmel. Gehen Sie langsam und bewusst die profanen Ladenstraßen entlang auf das heilige Areal der Kirche zu.

Dieser heilige Ort wies bereits im 8. Jahrhundert Kirchenbauten auf, die aus den Wallfahrten der heiligen Afra zu Ehren entstanden, die hier ihre Grabstätte hatte. Der heiliggesprochene Augsburger Bischof Ulrich, der damals die Stadt vor den Heiden heldenhaft verteidigte, wurde nach seinem Tode 973 ebenfalls an dieser Wallfahrtsstätte beigesetzt und dort verehrt. Somit war dieser Ort über die Jahrhunderte eine Stätte des Glaubens und der Heiligenverehrung. Die spätgotische Basilika, wie wir sie heute bewundern können, entstand um 1474 und hat eine mehr als hundertjährige Baugeschichte. Das mag bei ihrer imposanten Größe kaum verwundern. Das Langhaus der Kirche hat eine enorme Ausdehnung. Es ist 93,5 Meter lang, was übrigens genau der Höhe des weit in den Himmel ragenden Zwiebelturms entspricht, der auch Afraturm genannt wird. Die heilige Afra! Nirgends wird sie so sehr verehrt wie in Augsburg. Sie ist Stadt- und Bistumspatronin, zusammen mit dem heiligen Ulrich. In Augsburg erlebte sie ihre Bekehrung und starb dort den Märtyrertod für ihren neu gewonnenen Glauben. Tauchen wir ein in die Lebensgeschichte dieser Heiligen, deren Läuterung der von Maria Magdalena gleichkommt.

Der Legende nach war Afra die Tochter des Königs von Zypern. Als dieser von Aufständischen ermordet wurde, floh seine Frau Hilaria nach Rom und weihte dort ihre Tochter nach zyprischer Tradition der Liebesgöttin Venus. Doch Gott zeigte bereits früh, dass er einen anderen Weg für das Leben Afras vorgesehen hatte. Er sandte ihr einen Traum, der ihr verkündete, sie solle »Königin von Augsburg« werden. Am nächsten Tag überredete sie sogleich ihre Mutter, mit ihr dorthin zu ziehen. Doch kaum in Augsburg angekommen, richtete sie mit drei weiteren Venusdienerinnen ein Freudenhaus ein und lebte weiterhin in Sünde. Eines Nachts begehrte Bischof Narcissus auf seiner Flucht vor der damaligen Christenverfolgung in ihrem Haus Obdach, nicht ahnend, dass es sich um ein Bordell handelte. Er verbrachte dort die ganze Nacht mit Gebet und Lobgesängen, während der Raum von einem wundervollen Licht erfüllt war. Afra ward von diesem Glaubenszeugnis so ergriffen, dass sie sich auf die Knie warf und sich taufen ließ. Sie schloss das Freudenhaus und wollte ihr Leben von nun an Gott widmen. Ihre enttäuschten Freier zeigten sie jedoch als Christin an, woraufhin sie eingekerkert wurde und man sie zum Feuertod verurteilte, als sie ihrem neuen Glauben nicht abschwören wollte. Ihr schmerzvoller Tod, angebunden an einer Säule und von Flammen umlodert, dennoch anmutig und aufrecht ihrem Schicksal entgegensehend, bildet die Grundlage zahlreicher Afra-Abbildungen. Dieser Märtyrertod fand auf dem Lechfeld südlich von Augsburg statt. Heimlich holten ihre Anhänger den Leib von dort und bestatteten ihn in der Stadt. Ihre Mutter Hilaria soll über diesem Grab die erste Wallfahrtskapelle am heiligen Standort der heutigen Basilika errichtet haben.

Heute ruht der Steinsarkophag mit den Gebeinen der Heiligen unter dem Hochaltar der Basilika St. Ulrich und Afra. Im Jahre 1962 wurde dort ein runder Kuppelbau tief unter dem Altar des Domes errichtet, wo Wallfahrer die letzte Ruhestätte der hei-

ligen Afra und des heiligen Ulrich zum Gebet und zur Andacht aufsuchen können.
Diesen besonderen Ort uralter Heiligenverehrung wollen wir nun begehen. Wir haben uns durch die Fußgängerzone der Basilika genähert und sind durch den bloßen Anblick des quer zur Straße stehenden Sakralbauwerkes bereits ergriffen. Die geistige Kraft, die von diesem Gebäude ausgeht, ist schon von außen fühlbar.
Kaum eingetreten, umfängt uns der gotische Dom mit einem einzigartigen Raumerlebnis, einer packenden Atmosphäre, die durch die besondere Bauweise noch verstärkt wird. Alles scheint konzentriert nach oben ausgerichtet und zieht zugleich senkrecht nach unten zum Erdmittelpunkt. Nichts lenkt ab von diesem mächtigen Sakralraum, der sich vor uns erstreckt – keinerlei Decken- oder Wandfresken. Sie sind allesamt dem sogenannten Bildersturm der Reformationszeit zum Opfer gefallen, als sämtliche christliche Darstellungen zerstört wurden, um dem Bilderverbot aus den Zehn Geboten Folge zu leisten. So eine Abwesenheit jeglicher Malerei scheint die Ausstrahlung dieses heiligen Kraftortes jedoch nur noch zu verstärken. Dem Betrachter eröffnet sich so die sinnverwirrende Struktur des Bauwerks in ihrer ganzen Dynamik.
Das Mittelschiff wird vollständig von filigranen Netz- und Sterngewölben überspannt. Unzählige

Rauten und ineinander verschränkte Dreiecke formen sechseckige Sterne, die über den einzelnen Gewölbeabschnitten thronen. Stellen Sie sich direkt darunter. Es wird Ihnen vorkommen, als würde das Deckengewölbe sich drehen, wie eine Spirale himmelwärts nach oben ziehen. Eine optische Täuschung, wissend angelegt von den alten Baumeistern. Dieses erhebende Langhaus ist dabei wesentlich höher als die Seitenschiffe, deren Decken ganz andere, komplex und unregelmäßig wirkende Verstrebungen aufweisen. Hier scheinen die gedrungenen Gewölbe wie gewachsen, wie das Blätterdach in einem dämmrigen Wald. Wir spüren unter diesem Dach eine starke Verbundenheit mit der Erde, mit dem Grund und Boden, auf dem wir stehen. Der erste Eindruck hat also nicht getäuscht: Diese Kirche zieht sowohl nach oben als auch nach unten. Ihre Sterngewölbe und ihr Turm erstrecken sich in schwindelerregende Höhen, gleichzeitig ist die Kirche in ihren Seitenschiffen fest verwurzelt mit ihrem heiligen Standort.
Derart eingestimmt sind wir bereit, in die Krypta hinabzusteigen, wo die Sarkophage von St. Ulrich und St. Afra uns erwarten. Beinahe unsichtbar im Halbdunkel führen rechts und links von der Altarbühne, genau unter der gewaltigen Vierung, steile Stufen hinab in die Tiefen der Erde. Eine Unterkirche birgt hier die Grabstätten der beiden Kirchen-

patrone, die jeweils unter den Seitenaltären angelegt sind und so im übertragenen Sinn die Grundpfeiler des Kirchenbaus bilden.
Umgeben von stetem Halbdunkel im Rundkuppelgewölbe der Krypta fühlen Sie eine besondere innere Regung. Wie ein Echo Ihres Inneren auf den heiligen Raum. Vielleicht ist der seelengreifende Effekt am besten mit einem Wortspiel, einem Paradoxon zu beschreiben: Dieser Ort ist unterirdisch überirdisch! Sie befinden sich tief im Schoß von Mutter Erde und zugleich weit oben. Sie sind eingebunden in das Treiben über Ihnen sowie in die ewige Ruhe und den Frieden hier unten, wo die sterblichen Überreste dieser beiden Heiligen dem Tag des Jüngsten Gerichts harren. Hier spüren Sie alles gleichzeitig – das irdische Leben, die Unendlichkeit Gottes und die Totenstille, die uns am Ende des irdischen Daseins umfängt. Es ist alles eins.
Achten Sie auf den eigenartigen Widerhall im flachen Kreuztonnengewölbe. Sämtliche Geräusche, die vom gewaltigen Kirchenbau über Ihnen herrühren, verfangen und bündeln sich hier unten zu einem tiefen, erdigen Klang, den Sie fast körperlich spüren können. Diese Krypta ist wie ein Resonanzkörper für die Schwingungen und Klänge des Lebens von außen und Ihrer Seele von innen. Hören Sie hin! Er lädt Sie ein zu Andacht und Versenkung. Umkreisen Sie den Raum. Der heilige Ulrich liegt rechts in einer

Rundbogen-Apsis, Afra ruht links. Wie immer in Sakralräumen: links das Weibliche, rechts das Männliche. Ein wuchtiger Grabstein mit der figürlichen Darstellung des kämpferischen Bischofs umschließt den Glassarg mit seinen Gebeinen. Gedenken Sie seines Lebens und seiner Bereitschaft, ebenso wie die heilige Afra für seinen Glauben nicht nur zu sterben, sondern auch dafür zu kämpfen. Er befehligte hoch zu Ross die Verteidigung von Augsburg gegen die andrängenden Ungarn im Jahr 955. Ohne Schild und Waffen sei er, nur mit der Bibel in der Hand, den andrängenden und militärisch weit überlegenen Heiden entgegengeritten. Nur dank seinem Mut und seinen Gebeten konnte der Sieg erlangt werden.
Wenden Sie sich dann dem archaisch wirkenden Steinsarkophag der heiligen Afra zu. Halten Sie Andacht an ihrem Grab. Sie werden sehen, Gebete an diesem heiligen Ort haben eine besondere Intensität. Lassen Sie sich ganz fallen und denken Sie an das besondere, bewegte Schicksal der Heiligen. Ein Frau, die vom Weg des Verderbens kehrtgemacht hat, um für ihren Glauben zu sterben. Sie wurde zuletzt das, was ihr der Traum verheißen hatte: die Königin von Augsburg.

Gebet: Heilige Afra, Du entschiedene Christin, führe uns zur Klarheit …

… wenn wir nach dem Glauben fragen.
… wenn wir um den Glauben ringen.
… wenn wir den Glauben verloren haben.
… wenn wir im Zweifel gefangen sind.
… wenn wir in Sünde verstrickt sind.
… wenn Enttäuschung uns blockiert.
… wenn der Erfolg uns hetzt.
… wenn wir nach Orientierung suchen.
… wenn wir keinen Ausweg sehen.
… wenn wir die Wahrheit nicht erkennen.
… wenn wir innerlich zerrissen sind.
… wenn wir um uns selber kreisen.
… wenn wir uns im Vielerlei verlieren.
… wenn wir uns nicht entscheiden können.
Amen

Gedanken: Afra steht für die Umkehr. Wie es schon das Sprichwort »vom Saulus zum Paulus« besagt: Keine Sünde ist so schwer, dass Gott sie nicht verzeihen könnte. Nie ist es zu spät, umzukehren und Gott um Hilfe zu bitten. Egal wie weit man den Weg ins Übel schon gegangen ist, die Umkehr ist immer möglich.

Ausgangspunkt: Das Brunnen-Ensemble direkt vor dem Dom St. Ulrich und Afra.

Einkehr: Einkehrmöglichkeiten ringsum in der Fußgängerzone von Augsburg.

Anfahrt: Autobahn A 8 München-Augsburg oder entlang der B 2 über Fürstenfeldbruck.

Coburg
Aschaffenburg
Main
Würzburg
Main
Bamberg
Steigerwald
B
Regnitz
Erlangen
a
Nürnberg
Main-Donau-K
Schwabach
Ansbach
N
0
50 km
Nördlingen
Altm
Donau
Dillingen
Lech
Aichac
Neu-Ulm
20
Augsburg
15
Wertach
Fürstenfeldbruck
Ammersee
Memmingen
Kaufbeuren
19
Schongau
Weilheim
Kempten
Lech
Wigratzbad
Forggensee
Lindau
Garmisch-Partenkirchen
Oberstdorf
2593
Hochvogel
2963
Zugspitze